www.auf-weltreise.de

Jan Balster

Usbekistan

Reportagen aus dem Land der Märchen

Bibliografische Information der Deutschen Nationalbibliothek:
Die Deutsche Nationalbibliothek verzeichnet diese Publikation in der Deutschen Nationalbibliografie; detaillierte bibliografische Daten sind im Internet über http://dnb.d-nb.de abrufbar.

2. erweiterte und bearbeitete Auflage

Titelbild: Buchara, Kalon-Minarett und Kalon-Moschee
Lektorat: Falk Hummrich, Hans Wagner
Herstellung und Verlag: BoD - Books on Demand, Norderstedt
Printed in Germany

www.auf-weltreise.de

www.editioneurasien.de

ISBN: 9783749498628

Inhalt

Über den Autor

Jan Balster, Jahrgang 1974, arbeitet als Freier Bild-, Reisejournalist und Autor für in- und ausländische Zeitungen, Zeitschriften und Verlage.

Er lebte mit Clochards und Wanderarbeitern in Frankreich, in englischen Obdachlosenasylen, mit türkischen Gastarbeitern in London und tingelte als Straßenmusiker durch Irland. Er arbeitete als Weinleser, Fahrradkurier und Tellerwäscher, traf Fremdenlegionäre, IRA-Sympathisanten, Schiffs- und Flugkapitäne.

Während er anfangs mit dem Fahrrad unterwegs war, reiste er 1998 zu Fuß und ohne Geld 3100 km von Dresden, via Mittelmeer nach Irland. Heute ist er mit Verkehrsmitteln unterwegs, die auch die Einheimischen benutzen - zu Pferd, als Tramp, mit Bus und Bahn. Immer wieder zieht es ihn nach Russland und Zentralasien.

Никто не забыт, Ничто не забыто! –

Niemand ist vergessen, Nichts ist vergessen!

»Es kommt darauf an, dass du auf etwas zugehst, nicht, dass du ankommst.«
Antoine de Saint-Exupéry

Vorwort

Wenn wir in westeuropäischen Medien über Usbekistan referieren, beschränken wir uns all zu oft auf das Sterben des Aralsees. Wir sprechen von Gas-, Gold- und Ölvorkommen. Dort gedeihen Baumwolle und wird Uran gefördert. Es wimmelt an Geld. Doch Usbekistan ist mehr als eine Abschussrampe von kriegsfördernden Gerätschaften nach Afghanistan. Usbekistan beherbergt mehr als die hübschesten Städte der Seidenstraße - Samarkand, Buchara und Chiwa. Alles mag klingen wie in den

Erzählungen aus Tausend und einer Nacht. Usbekistan ist jung, ist modern geworden. Hier leben Menschen. Sie haben ihre Vergangenheit, ihre Träume und ihre Liebe. Sie haben etwas zu sagen, zu berichten, zu erzählen ... wovon wir etwas lernen dürfen.

Aus einer Periode des radikalen Umbruchs, einer Unsicherheit haben die Menschen eine Sicherheit gefunden, haben sich wieder eingerichtet, haben es sich gemütlich gemacht. Sie kämpfen mit einem Erbe, welches ihr Leben bestimmte, ebenso mit ungeklärten Grenzen und den Verzerrungen ihrer ureigenen Traditionen. Da ist es, ein Leben voller alter und neuer Schwierigkeiten und Hoffnungen.

So habe ich beschlossen, weder arrogant noch ablehnend noch wohlwollend zu sein. Ich hoffe, es ist mir geglückt, ein paar ehrliche Reportagen vorzulegen. Reportagen ohne Kommentar über Dinge, welche ich nur vom Hörensagen kenne. Ich weiß, es gibt vieles, was ich nicht verstehe, was ich nicht mag oder mir unangenehm ist. Doch trifft dies nicht immer auf fremde Länder zu? Deshalb handeln die Reportagen schlicht von dem, was mir begegnete. Es ist nicht die usbekische Geschichte schlechthin, sondern es sind ein paar usbekische Geschichten.

Und so hörte ich die usbekischen Aksakale sagen: »Um besser zu sehen, besteige die Berge; bewunderst du die Platane, so verneige dich vor ihren Wurzeln.« Wollen wir es ihnen gleich tun, betreten, begegnen wir Usbekistan, verneigen wir uns vor ihren Menschen.

Salai und Batyr

Zwei Männer aus Taschkent

Mit dem Kasachstan-Express von Taschkent an die Wolga

Was habe ich mich schon auf Bahnhöfen herumgedrückt. Von da nach dort will ich reisen und so warte ich und warte ständig auf irgendetwas, auf irgendjemanden. Und genau in solchen Momenten geschieht das Ungewollte, jenes Vertraute tritt in mein Leben. Und kaum habe ich dagestanden, spricht mich ein Usbeke an: »Sie sind doch derjenige, der uns die Tasche repariert hat.« Ich reagiere etwas abweisend und verspüre keinen Hauch einer Lust mich zu unterhalten. So manches Mal entpuppten sich derartige Bahnhofsbekanntschaften später als schlichte Bettelei. Doch der schwarzhaarige Herr bleibt hartnäckig: »Sie waren das, der uns die Tasche mit Klebeband verschlossen hat.«

Und ich erinnere mich, flüchtig an zwei Männer auf dem Bahnhofsvorplatz von Samara, an Batyr, den Lehrer und seinen Freund Salai, den Arzt aus Buchara. »Diesmal bist du nicht allein«, sagt Batyr: »Deine Frau?« In meiner Unachtsamkeit habe ich ganz vergessen, Dina vorzustellen. Sie reichen einander die Hände. »Habt ihr die Grenzen gut überstanden?« fragt er.

»Die üblichen Kontrollen«, antworte ich.

»Vor zwei Jahren kamst du gerade aus Taschkent, und wir, Salai und ich fuhren zurück.« Damals waren die Kontrollen in Kasachstan besonders schlimm. Die Grenzer hatten Salai die gesamte Tasche zerrissen. Ihrer Meinung nach hatte er sie nicht schnell genug geöffnet. Da wurde schnell ein Messer gezückt. »Du flicktest seine Tasche mit Klebeband«, erinnert Batyr. Und wie damals unterhalten wir uns noch eine Weile über die Familie, das Leben in Usbekistan und wie damals fährt ihr Zug ebenfalls zuerst ab. Batyr reicht Salai die Taschen, die blau karierte ist auch dabei, in den Zug. Noch einmal schütteln wir unsere Hände und Batyr meint:

»Vergangene Woche seid ihr als Touristen in Taschkent gewesen, das nächste Mal kommt ihr als Gäste.« Und als der Zug den Bahnhof verlässt, halte ich seine Adresse in der Hand.

Glücklich das unser Zug ebenfalls bereitsteht, eine Stunde vor seiner Abfahrt steigen wir ein. Wir betreten ein Zweibettabteil, hübsch mit grünen Decken, zwei Teeschalen und eine Kanne stehen auf dem kleinen Tisch vor dem Fenster. Es ist sauber. Und kaum haben wir uns eingerichtet, da ist es vorbei mit der Ruhe. Zwei Beamte betreten unser Abteil und überreichen uns die Zolldeklarationen, jeweils in zweifacher Ausführung. In usbekisch. Wir schauen uns an und verstehen kein Wort. »Möchten sie lieber eine russische Ausführung?« fragt der Zollbeamte, und er erklärt uns gleich, wie wir sie auszufüllen haben. »Was, mit so wenig Geld reisen sie?« stutzt er.

»Ja«, antworte ich.

»Und das Hotel, das Essen und die Souvenirs?«

»Hotel und Essen ist bezahlt und Souvenirs kaufen wir uns nicht.«

»Und diese Fotokamera«, fragt er weiter.

»Das ist eine Alte«, erkläre ich, »diese hier ist bei allen meinen Reisen dabei.«

»Aha«, brummt er und gibt uns die Pässe zurück.

Der Provodnik, Zugbegleiter, stellt sich als Igor vor. Er wird uns von Taschkent nach Samara begleiten, für alle Fragen und Wünsche zur Verfügung stehen. Er teilt die Bettwäsche aus. Diesmal verlangt er keine 600 So'm, dabei haben wir uns diese extra aufgehoben. Was machen wir jetzt damit? Doch ein Souvenir? Wir überziehen unsere Kissen und breiten unser Nachtlager aus. Dann lässt Igor sich unsere Billets zeigen. »Da sind sie nun zwei Nächte in der Bahn«, sagt er.

Wir haben gut geschlafen. Und zum ersten Mal erklimmt die Sonne in tiefem Rot den Himmel. Langsam rattert der Zug über die Gleise, wiegt uns in den Liegen hin und her, auf und ab. Die Landschaft durch das Fenster betrachtet, verändert sich kaum. Grassteppe. Kleinwüchsige Büsche trotzen dem steinharten Boden und entwickeln eine erstaunliche Zähigkeit zum Überleben.

Von Zeit zu Zeit blicken wir nach draußen, Kamele weiden. Mal mit zwei, Mal mit einem Höcker. Die Könige der Wüste, erstaunlich genügsame Tiere, die das Wasser bis zu 14 Tagen speichern können.

Außerdem besitzen sie die Fähigkeit aus der kleinsten Pflanze noch den letzten Tropfen dieses kostbaren Nasses herauszupressen.

Nahe des Ortes Baygakum verliert der Zug deutlich an Geschwindigkeit. Rechts, aus Moskauer Sicht, wird ein Mensch zu Grabe getragen. Der Vorbeter schreitet voran, die schwarz Gekleideten hinter den vier Sargträgern, bekreuzigen sich mit jedem Schritt. Bald wird sich der Sarg senken. Leute geben eine Handvoll Erde in die Grube und eine Stimme sagt: ‚Im Namen Gottes und im Glauben an seinen Propheten …' Das Leben geht weiter, ein anderes zu Ende. Schon von Weitem sind diese Gräber zu erkennen, die unser Interesse wecken, seltsame Ziegelbauten, die kleinen Moscheen ähneln. Wir entdecken sie als gewaltige Friedhöfe, zeigten sich zum größten Teil stabiler erbaut als die meisten Wohnhäuser. Oft können wir Menschen entdecken, die in Jurten leben. Das Leben scheint einfach. Sie leben zurückgezogen, in Eintracht mit ihren Nachbarn, treffen sich zum Abendessen oder zum Tee trinken.

Am Bahnhof Ksyl-Orda herrscht geschäftiges Treiben. »Der Zug kommt«, hört man die Kinder rufen. Gepäckstücke werden gestapelt, Waren transportiert und die fliegenden Händlerinnen positionieren sich um die Waggontüren: »cholodnaja woda«, »piwo«, »moroschenoe«, immer die gleichen Dinge, sogar Geld wollen sie tauschen. Doch das dürfen wir nicht, für jeden Umtausch muss eine Quittung amtlich genehmigt werden. Die Kinder sind am geschäftigsten, sie arbeiten, verkaufen, bieten feil. Müssen sie nicht zur Schule? Macht ihnen diese Tätigkeit Spaß? Schon eine Frage danach wird missachtet und sie wollen gleich ein Geschäft abschließen. Wir beobachten, dass die Eltern ganz in der Nähe sitzen, sie antreiben. Sie sollen bei uns Mitleid erregen. Gleich kommen noch einige Jungen angerannt, barfuß. Manche haben die Schuhe extra ausgezogen, andere haben tatsächlich keine. Nun erwarten sie mit ausgestreckter Hand ihren Anteil. Doch das Gegebene wird ihnen von ihren Eltern sofort abgenommen. Das Abfahrtssignal ertönt, durch die Lautsprecher kreischt eine unverständliche Stimme, der Zug verlässt den Bahnhof, die Menschen räumen den Bahnsteig und gehen ihrer Arbeit nach. Die Kinder trieben die Kühe über die Weide und Frauen hackten im Garten.

Draußen vor dem Fenster hat sich das Bild noch immer nicht geändert, die Grassteppe zieht an uns vorbei, darauf die Kamele und Rinder, von Zeit zu Zeit ein paar Pferde, und am Horizont taucht ein einsamer Reiter auf. Der Sand, dem wir auch im Zugabteil kaum Herr werden, wechselt seine Farbe vom gelb zum rot und wieder zurück. Das Kosmodrom Baikanur versteckt sich irgendwo und der sterbende Aralsee liegt zurückgezogen in der kasachischen Steppe. Bald werden die Gräser größer. Für eine Weile begleitet uns ein Fahrzeug auf der vorbeiführenden Landstraße. Und der Tag neigt sich dem Ende.

Sechs Uhr morgens. Der Tag ist in vollem Gange. Auf dem Bahnsteig von Yaysan tummeln sich die Grenzsoldaten. Kommandieren, aufmarschieren, spionieren, dirigieren. Keiner weiß, was zu tun ist, aber alle tun, als ob es zu tun wäre. Taschen werden durchwühlt, deren Unordnung hergestellt. »Sehen sie zu wie sie ihren Sachen wieder einräumen, aber machen sie schnell und klemmen sie sich den Rest unter ihren Arm«, hören wir, »Der Nächste bitte, schnell, dawajtje.« Und alles wird überwacht. Dann sind wir an der Reihe. Zuerst ein Polizist in Zivil: »Passport bitte.« Will er nur wissen, aus welchem Land wir sind? Ist es seine Art Neugier zu zeigen? Eine Frage nach dem Wohin und Woher hätten wir ihm sicher freudig geantwortet. Später fällt er uns im Nachbarabteil auf. Seit Taschkent ist er mit uns gereist. Ein Polizist der russischen Polizei, dem wir in Kasachstan gar nicht auskunftspflichtig sind.

Alles harmlos. Diesmal haben sie es nicht auf unsere Gepäckstücke abgesehen. Nein, auf unsere Pässe. Zwei männliche Grenzer kontrollieren sie zuerst. Ein Stempel ist falsch. Sie holen eine Grenzerin hinzu: »Darf er einreisen?« Apathisch sagt sie: »Njet, das Visum ist geschlossen.«

»Aber er sitzt hier im Zug?«

Die Grenzerin tönt vom Gang, wird ausfallend. Ihre Kollegen sehen das alles nicht so eng, lächeln uns zu und schlagen ihr vor in Moskau anzurufen. Wir werden aus dem Zug geführt. Igor verschließt sofort das Abteil: »Ich passe auf.«

Von Zollbeamten begleitet werden wir zum Gebäude gegenüber geführt. Noch immer kollabiert die Grenzerin: »Der Stempel hier sagt aus, dass sie schon wieder aus Russland ausgereist sind. Ihr Visum ist zu.«

»Wir wissen doch nicht, wo die Stempel hin müssen.«

»Das Visum ist geschlossen.«

»Ich habe den Stempel doch nicht dort hingedrückt.« Wieder nimmt uns ein Grenzer in Schutz: »Erst einmal hinsetzen, wir telefonieren.« Da sitzen wir nun mit unserer Nervosität und unserer Unschuldigkeit. Es herrscht betriebsame Geschäftigkeit in den Zimmern nebenan. Wieder wird kontrolliert, organisiert und diskutiert. Pässe werden gedreht, mal auf den Kopf, mal seitwärts, mal richtig herum. Und in 20 Minuten fährt unser Zug. Endlich ein Ergebnis, die Pässe sind kopiert. Die Nummer ins Telefon gedrückt: »Hallo, Scheremetjewo«, ruft es. Das Faxgerät läuft heiß. »Wir können nichts lesen«, sagt der Grenzer. Türen schlagen, Polizistinnen die wechseln Zimmer und halten die Männer auf Tempo. »Dawajtje, poschaluista, der Zug fährt gleich.« Endlich, die Pässe, noch zwei Minuten und dann fährt der Zug. Stempel rotieren, Kugelschreiber notieren, signieren und die Pässe datieren auf heute.

Türen schlagen, und wir sind im Zug, doch er fährt nicht ab. Der Lenin blinkt vom Denkmal gegenüber, Soldaten stehen herum, so zur Zier, möge man meinen. Nichts zu tun, problema, Lampen leuchten. Zwei Männer schleppen ihr Gepäck aus einem Waggon am Ende des Zuges. Ist ihre Fahrt zu Ende? Müssen sie zurück, woher sie kamen? Die beiden Usbeken nach Taschkent. »Falscher Zug«, erklärt uns Igor. Das Abfahrtssignal ertönt und langsam kommt der Zug in Fahrt. Er passiert Flüsse, kahles Land und die bewaldeten Ausläufer des Uralgebirges.

Verarmte Stationen, auf denen die Einwohner nahe gelegener Dörfer ihre Waren, den kurzzeitig aussteigenden Reisenden feilbieten, säumen den Schienenstrang. Und bald tauchen die ersten Erdgasfördertürme am Horizont auf. Samara ist nah.

Gegen Abend beobachten wir das Treiben auf dem Bahnhof von Samara, modern konstruiert im Glasbaustil nach westlichem Vorbild. Auf dem Vorplatz haben sich die Händler aufgebaut und bieten ihre Waren zu überhöhten Preisen an. Und da sind sie wieder, die Bekanntschaften, welche sich zuweilen als schlichte Bettelei entpuppen. Ich höre die Frage der Händler: »otkuda?« Und wieder tritt eine Meinung auf, in Europa gebe es nur Millionäre und dort würde das Geld auf den Bäumen wachsen. »Haben Sie nicht ein Geschenk für mich?« sind die Fragen der Bettler, die uns sofort beim Stehen bleiben umringen.

Zwei Flaschen kaltes Wasser sind schnell erstanden und mit einem Fladenbrot im Gepäck geht es zum Bahnhof zurück. Gefüllt hat er sich immer noch nicht. Die Polizisten am Eingang zur Wartehalle leisten ganze Arbeit. Ohne gültige Fahrkarte kommt niemand hinein. Oft ist diese Prozedur sehr langwierig. Taschen werden durchsucht und Pässe inspiziert. Bis unser Zug einfährt, bleiben noch zwei Stunden, denke ich, als wir Batyr und Salai erblicken. Wie damals schaffen sie sich an ihren Taschen und wie vor zwei Jahren reiche ich ihnen mein Klebeband. Der provisorische Halt wird hergestellt. »Bis nach Hause wird es halten«, bedankt sich Salai. Wir setzten uns, verzehren gemeinsam ihre eben gekauften Piroggen und unser Fladenbrot. Und als es dunkelt, beide sich verabschieden, klopft mit Batyr auf die Schulter und sagt: »Wenn ihr wieder nach Usbekistan kommt, seid ihr keine Gäste mehr. Freunde sind immer willkommen.« Ein Zug hält, Lichter in den Abteilen blitzen auf. Sie steigen ein. Der Zug rollt an, die Nacht beginnt.

Batyr

Salai

Zugschild der usbekischen Eisenbahn

Bahnhofskiosk

moderner Bahnhof in Samara (Russland)

Bahnhof Taschkent

kasachische Steppe

kasachische Steppe

Kamelzüchterfarm

neuzeitliche Nekropole in Usbekistan

ausgetrockneter Aralsee

Dorf am Syr-Darja

Amu-Darja

Brücke über den Fluss Syr-Darja

Felder nahe Taschkent

Zugbegleiter Igor (S. 39)

Teppichweberin

Die Seidenweberinnen

In der Machalla der Teppich- und Seidenweber von Buchara

Geprägt von kleinen Arealen, welche von einer Mauer getrennt, mehrere ein- oder mehrstöckige Häuser vereinen, ist dieses Stadtviertel Bucharas. Unbelebt sind die Straßen und Gassen. Selbst die sonst umherstreunenden Hunde lassen sich die Mittagssonne nicht auf ihre Felle brennen. Hier leben miteinander arbeitende, oft verwandte Menschen. Die Machallas, wie diese Gemeinschaften in Usbekistan bezeichnet werden, pflegen diese typische zentralasiatische Lebensform.

Weit offen steht die Tür zur Straße hin. Klack, klack, sssd, dieses Geräusch melodisiert die Stille. Das durchs Fenster einfallende Licht zaubert Schattenspiele an die Wände des Zimmers, immer im Rhythmus jenes Klackens, welches der Webstuhl betriebsbedingt erzeugt. Barfuß tritt Lilija in die Pedale. Sie lässt die farbenfroh schimmernden Fadenspulen zwischen den Ketten hin- und herschießen. Von alters her webte man hier Teppiche. Teppiche von feinster Qualität, die zeitweise leichter in Berlin als in Buchara zu erstehen waren. Die Menschen pflegten ihre Kunst des Webens, die neben der Töpferei zu den ältesten Handwerken der Menschheit zählt.

Lilija ist 30 Jahre. Das Teppichweben lehrte ihr die Schwiegergroßmutter. »Nicht nur das«, erklärt sie, »Sie zeigte mir die Hohe Schule, die Verarbeitung von Seide.« Der feine Stoff braucht einen spezialisierten Weber, »vor allem Seidenbrokat verlangt ein Höchstmaß an Perfektion, Konstanz und Gefühl für das Material. Leicht reißen die Seidenfäden. Und Knoten von zusammengesetzten Fäden sind im glatten und sehr feinen Seidengewebe nur sehr schwer oder gar nicht zu verstecken. Der Wert des Stoffes wird erheblich gemindert.« So wurden vor fünf Jahren ein neuer zweiter Webstuhl gekauft und im Garten fünf Maulbeerbäume angepflanzt.

Raisa, Lilijas Mannes Großmutter hat es sich derweil im einzigen Lehnstuhl des Hauses bequem gemacht. Die Seide bestimmte und bestimmt ihr Leben, ihren Rhythmus. Und noch immer prüft sie, trotz des schwindenden Augenlichts, die Qualität der Stoffe gelenk mit ihren Händen. »Das Klacken des Webstuhls ist die Meditation, die mich beseelt«, sagt die Usbekin.

Es war ein Glücksumstand, als die Seide im 6. Jahrhundert auf alten Handelswegen nach Zentralasien kam. So existiert auch diese Weberei seit mehr als 100 Jahren. Es gab sie schon, als der Emir von Buchara noch herrschte. »Der hat sich, ebenso die meisten Meister der Weber nach Afghanistan verdrückt, berichteten meine Eltern.« Beizeiten half Raisa in der elterlichen Weberei, welche zu sowjetischen Zeiten mehr als Hobby betrieben wurde. Doch immer hat sie hier nicht gelebt. »1935. Ich erinnere mich noch genau. Die große Bucharer Teppichweberei war zuvor stillgelegt worden. Darum schickten mich meine Eltern nach Samarkand. Dort gab es eine neue Seidenfabrik ‚Chudschum‘«, der Sturm. »Am ersten Tag standen wir, alles junge Frauen zwischen 16 und 20 Jahren alt, gedrängt in der Halle zwischen riesigen Seidenrollen. Es glitzerte und funkelte in den Tönen von Weiß bis Gelb. Die Seide blendete uns, als sei es Gold. Genau in diesem Moment, als uns jungen Dinger der Glanz der feinen Stoffe betörte, erhob sich die Stimme unseres Brigadiers: ‚Das sind die Früchte unserer Arbeit. Und wer die Arbeit leistet, demjenigen steht auch der Lohn zu. Wir und unsere Nachkommen sollen es einmal gut haben, dafür produzieren wir diese Seide.'«

Die Alte nimmt einen Schluck Tee aus der Schale: »na, ja, man darf niemals der Vergangenheit nachhängen, man muss aus ihr lernen.« Seit drei Jahren verarbeitet der kleine Familienbetrieb, den erhabensten, kostbarsten aller Stoffe, Seide. Dessen Herstellung ist ein aufwendiger und schwieriger Prozess. »Schon die Zucht der Raupe verlangt ein besonderes Feingefühl«, beginnt Lilija. Die Aufzucht beginnt im April. Zu diesem Zeitpunkt kaufen die Frauen die Eier bei den Bauern. Für sie ist die Seidenraupenzucht zu einem lebensnotwenigen Nebenverdienst geworden, seit ihre Felder und Grundstücke wie vor der Oktoberrevolution 1917 wieder den Beys, den Großgrundbesitzern gehören. »Für gewöhnlich kaufen wir acht bis zehn Gramm der kostbaren Raupen«, sagt sie. »Die stecken wir in kleine Schachteln, nicht größer als eine Streichholzschachtel. Die klemmen wir dann unter unsere Achselhöhlen. An der Luft ist es viel zu warm, da würde der Wurm zu früh schlüpfen.«

Zurück im Wohnhaus heißt es für die gesamte Familie hegen und pflegen. »Da schleift selbst unser dreijähriger Arkin die Zweige des Maulbeerbaumes durch das Wohnzimmer«, berichtet Lilija. Deren Blätter ist die einzige Nahrung, welche der mehlweiße Seidenwurm annimmt. Bis zu 30 mal täglich muss er gefüttert werden. Und frisch müssen die Blätter sein. »Die holen wir von weit her. Die wenigen Bäume in unserem Garten reichen nicht aus«, erzählt die Großmutter. »Die Raupe frisst und frisst. Der Hunger ist kaum zu stillen. Sogar in der Nacht muss einer von uns raus. Das geht so 20 bis 30 Tage bis Mitte Mai. Dann hat der Wurm keine Lust mehr und häutet sich.«

Innerhalb der kommenden zwölf Tage spinnt die Seidenraupe ihr eiförmiges Haus, den Kokon. Aus zehn Gramm Seidenraupeneier sind inzwischen 25 kg Kokons geworden. Deshalb wird die Familie im kommenden Jahr keine Raupen mehr züchten, sondern gleich die fertigen Kokons von den Bauern kaufen. »Wir teilen unsere Arbeit auf. Jeder soll auskommen können. Schließlich leben wir nicht allein in diesem Land.«

Ein 60°C angeheizter Ofen tötet den Wurm binnen 15 Minuten. Geweicht und gebürstet löst sich der feine Faden vom Kokon. Bis zu 3500 Meter des begehrten Seitenfadens können aus einem Kokon gewonnen werden. »Das reicht für zwei bis drei Quadratmeter Seidentuch«, erklärt Lilija. Ab und an nippt sie an ihrer Teeschale, um sich vom vielen Reden die Zunge zu befeuchten.

Raisa erinnert sich noch gut an die Zeiten, als in jedem Haus die Webstühle ratterten. Heute ist das Seidenweberhandwerk für viele nur noch ein Zubrot. »Die Handwerker finden kaum noch einen Nachfolger«, bedauert sie. »Als Teppichweber hat man es einfacher, der Arbeitsaufwand ist wesentlich geringer.« Sie erzählt von frisch gefärbten Seidenfäden, die damals in den Höfen zum Trocknen hingen. Inzwischen brodeln die großen Kupferkessel, in welchem die Seidengarne baden, nur noch selten. Mal färben sie die einzelnen Fäden, ein anderes Mal das fertige Produkt. »Wenn wir die einzelnen Fäden färben«, sagt sie stolz, »entstehen neue eigene Farbeffekte zwischen Schuss- und Kettfäden. Hauptsächlich nutzen wir sonnengelb, flaschengrün und stahlblau.« Letztere ist der absolute Renner. Gelegentlich haben die Kunden besondere Farbwünsche, dann sammelt sie die geeigneten Pflanzen und mischt nach alten Rezepten den richtigen Farbstoff.

Dann erhebt sich die alte Dame langsam, ohne unsere lebhafte Unterhaltung zu unterbrechen. Sie greift in die beinah eben so alte Kommode und kramt einen Seidenschal hervor. Eine wunderbar leichte und in sanftem Grüngelb gewebte Stoffbahn. »Mein Mann trug ihn zu unserer Hochzeit. Sehen Sie, eine Qualität ist das. Und wie perfekt der Stoff gehalten ist.« Mit ruhiger Hand streicht Raisa über ihre, mehr als 50 Jahre alte Arbeit. Ihre Augen leuchten. Sie ist rüstig. Noch einmal will sie es zeigen. Noch einmal die Melodie spielen, die ihr Leben bestimmte. »Arbeit ist meine Erholung«, gesteht sie. Und während Lilija in die Stallungen geht, um ihre Tiere zu füttern, die Ziege zu melken, setzt sich die Alte an ihren Webstuhl. Dieser Stuhl hat ihr Leben reicher gemacht, nicht finanziell, wie sie meint, aber erfüllt. Schon hebt sie mit ihren Füßen den Scherbaum. Mit den Händen wirft sie das Schiffchen unter die Fäden. Darauf setzt sie mit ihrem Fuß die Kette in Bewegung. Einen Wurf und einen Tritt, Wurf und Tritt, ein Leben lang bis ins hohe Alter. Raisa beherrscht ihr Handwerk noch. Sie hat es im Blut. Noch einmal flattern die Bilder mit den Stoffbahnen grün und himmelblau in ihrem Geiste vorüber.

»Großmütterchen. Du darfst doch nicht mehr so viel arbeiten«, unterbricht Lilija, die in der Tür steht, in jeder Hand einen Eimer mit Ziegenmilch tragend. Arkin, ihr Sohn stoppt sein Gebrabbel und schaut staunend zwischen den beiden Webstühlen hervor. Daneben die Alte auf dem dreibeinigen Holzhocker. Ein Bild, vollgestopft mit glücklichem Leben.

Fotografiert werden, dies möchte sie nicht, das würde ihre Seele stehlen. Doch ihre Schwiegertochter ist bereitwillig. Das Schiffchen fliegt, die Schnüre surren, der Webstuhl knarrt und alles geschieht mit dem Lächeln, welches die Männer schwach werden lässt.

Sechs Meter schafft Lilija am Tag, 180 m im Monat. Da hat sie 300000 So'm verdient, circa 200 Dollar im Monat. Für den Quadratmeter Seide gibt es ein paar So'm mehr. »Sie ist schwerer zu verarbeiten«, gibt sie zu bedenken. »Die Fäden reißen schneller.« Besonders die bordeauxrot-goldenen Stoffe mögen die Frauen. Das ist der Schmuck Zentralasiens. Gefühle, welche im europäischen Raum Ohr- oder Fingerringe auslösen, lassen hier die Augen der Frauen leuchten. »Vorrangig verkaufen wir unsere Stoffe auf dem hiesigen Markt«, berichtet Lilija. Einmal im Monat fährt ihr Mann Usman zum Markt nach Samarkand und verkauft dort ein paar Teppiche und Seidenstoffe. »Ab und an kommt ein reicher Usbeke«, erklärt die junge Frau. »Er bestellt eine Auftragsarbeit, ein Hochzeitsgewand oder einen Anzug. Und wer möchte, schneidet sich ein paar Meter von der Rolle.« 3000 So'm, Zwei Dollar kostet der Quadratmeter umgerechnet.

Ein Zug an der Schnur, und das Webschiffchen schnippt an das andere Ufer des Seidenstromes. Das Webschwert klackt. Wenn Lilija schnell und das Material schlecht ist, schafft sie es 40 Mal in der Minute. Schon spannt das Gewicht aus Stein, ihr gewebtes Stück. Ewig die gleiche Bewegung, jene, welche das Muster vorgibt. Das Klappern des Webstuhls und das Zischen des Teekessels ist der Gesang ihrer Arbeit, die Melodie des Lebens.

Auch mit der Heirat habe Lilija Glück. »Und einen Liebhaber habe ich auch«, sagt sie schmunzelnd, »meinen Mann.« Ihre Familie, die zwei Querstraßen entfernt lebt, hatte keinen Ehemann für sie verfügt. Diese Liebe bemerkt man, als Usman durch die Tür tritt. So fein wie ihr eben gewebtes Tuch, so glücklich wie ein Sonnenaufgang, so charmant ist das Lächeln dieser jüngst Verheirateten, so geborgen leben die Menschen in dieser Machalla der Teppich- und Seidenweber.

Schnell verflogen die Stunden, die wir nebeneinander in diesem Raum lebten, zu reden und zu arbeiten. Ein frischer Abendwind streift durch den Raum und schürt das Feuer, in dem der Topf mit dem Abendessen gart. Daneben die Alte auf dem Stuhl sitzend, sich ausruhend. Usman schenkt ihr Tee ein, schäkert verliebt mit Lilija und streicht Arkin über den Kopf.

Der Duft von Maulbeerbäumen umspült den Innenhof. Männer und Frauen bevölkern die Bänke und Tische der Innenhöfe. Kinder tollen durch die Straßen. Die Hunde kriechen aus ihren Verschlägen, streunen durch die Gassen. Eine Tür steht offen. Klack, klack, sssd, dieses Geräusch melodisiert die Stille.

Teppich- und Seidenmarkt in Buchara

Usman an der Seidenfadenwickelmaschine

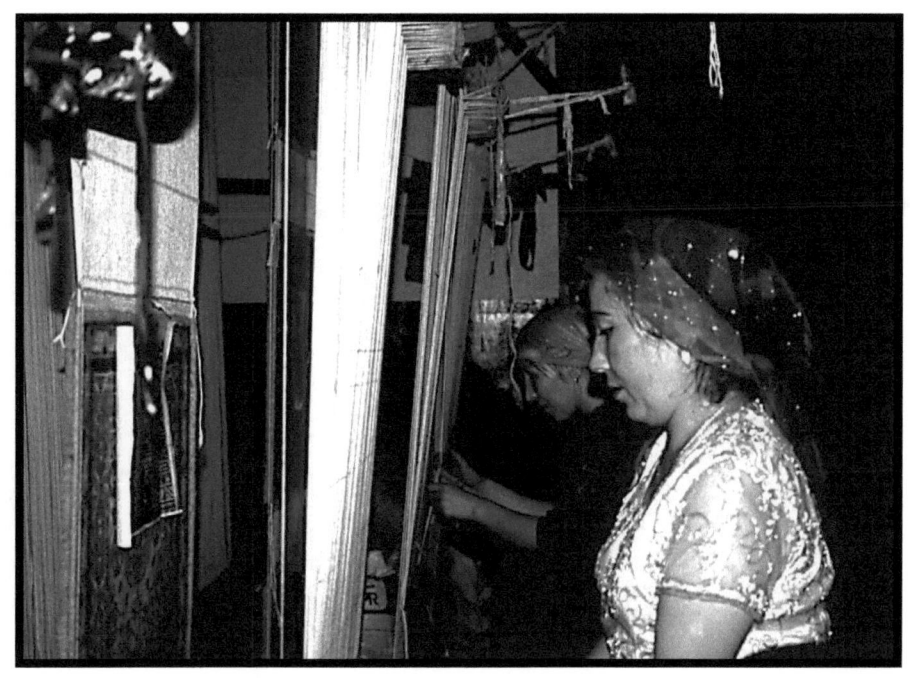

Teppichweberin

Seidenspinner

Kokon des Seidenspinners (S. 55)

Seidenraupe (S. 56)

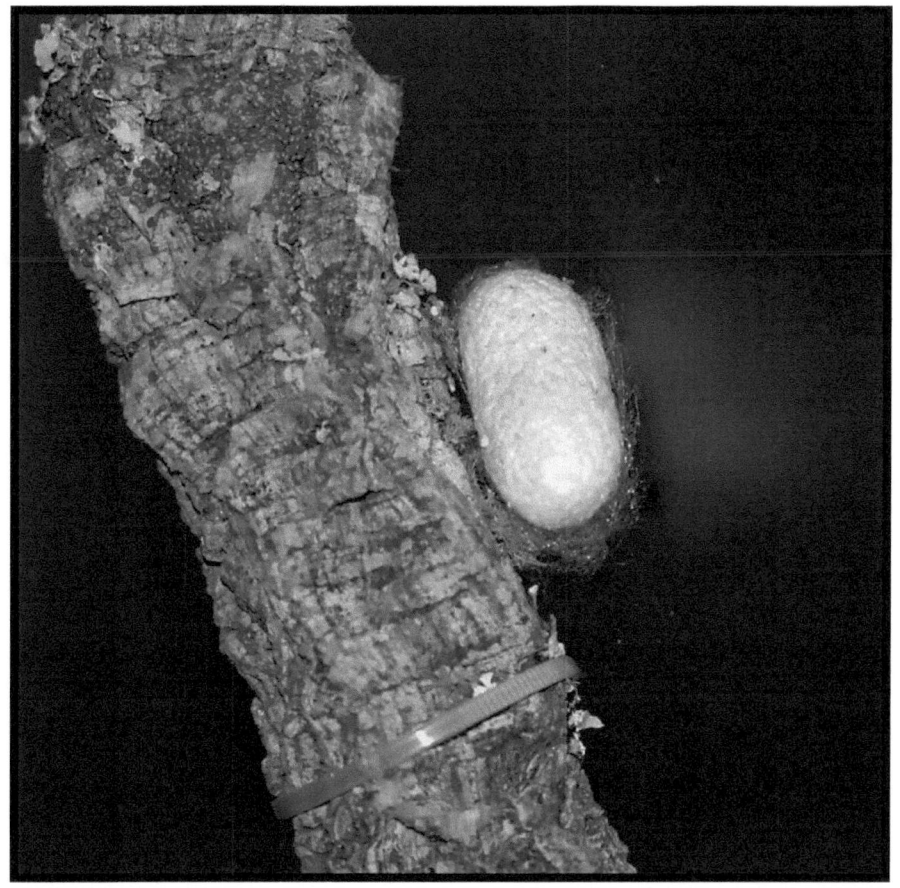

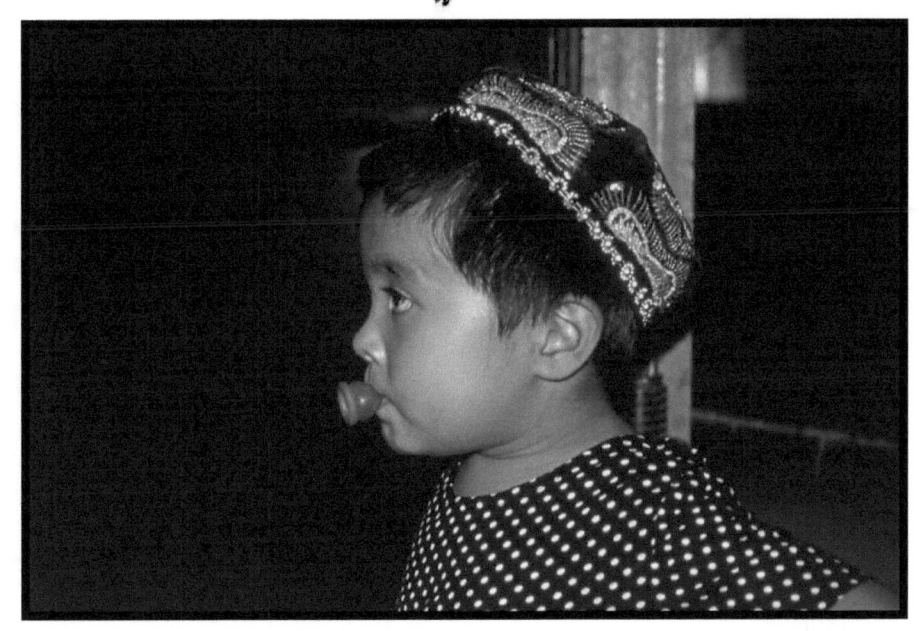

Arkin

Lilija

Kamelzüchter beim Umzug

Sand, Wasser und das Trampeltier

Kamelzüchter am Aralsee

Viel Interessantes habe ich über den Aralsee und die Wüsten Zentralasiens gehört und gelesen. Doch wie sieht es wirklich aus? Wie leben die Menschen dort?

Man könne in jener Region, so beteuerte man mir gegenüber, Karawanen und Kamele treffen. Das will ich selbst erleben. Doch die Möglichkeiten scheinen begrenzt, noch eingeschränkter als zu Beginn der

90er Jahre des 20. Jahrhunderts, als der Abbau des öffentlichen Verkehrsnetzes begann.

Wir fahren die staubige Straße entlang. Das Wetter ist klar, ringsum die endlos scheinende Steppe mit ihren seltenen kleinwüchsigen blattlosen Bäumen, den Saxaulen, Dornbüschen auf den Salzböden der Wüste. Hin und wieder beleben sie kleine Bauten, Holzhütten und Jurten.

Wind und Sand, diese Natur kennt der Mensch seit vielen Jahrtausenden. Immer wieder veränderten sich seine Lebensbedingungen, immer wieder zog er Tausende Kilometer weiter an einen anderen Ort, verlagerte seinen Lebensmittelpunkt in eine andere Landschaft. Er passte und passt sich an. »Noch vor tausend Jahren gab es hier viel weniger Sand. Da war Mittelasien keine reine Sandwüste. Da zogen die Karawanen über die Seidenstraße nach Europa und China. Hier kreuzten sich ihre Wege, von West nach Ost, von Nord nach Süd«, erklärt mein Begleiter.

»Da sagte man, Allah wolle es so! – Und wenn Mittelasien versandet, dann ist der Klimawandel schuld. Oder, warum sind die Dinosaurier ausgestorben? Und vielleicht wird es nach einer neuen Eiszeit hier ganz anders aussehen. Dass es bei uns die fruchtbarste Muttererde gibt und

Europa und Amerika werden Sandwüste sein?« – Nur eins ist geblieben, die Sehnsucht nach Wasser, die Sehnsucht nach Leben.

Das Erste, was dem Besucher dieser Region auffällt, ist, wie gastfreundlich die Steppenbewohner sind, wie zuvorkommend und welch starkes Zusammengehörigkeitsgefühl sie verbindet. Warmherzig wird der Gast empfangen, mit dem Besten während seines Aufenthaltes versorgt und zum Schluss mit kleinen Geschenken verabschiedet. Ein geäußerter Zahlungswunsch für seine Übernachtung kommt einer Beleidigung gleich.

Hier in der ewigen Steppe und den sich immer wieder ohne jedes System verändernden Sanddünen am Horizont, welche sich dennoch immer gleich anfühlen, sind Gäste selten und ganz besonders solche aus dem Ausland. Und wenn sich schon mal welche hierher verirren, dann sind es meistens Forschungstrupps, die zum Aralsee ziehen.

Sofort werde ich zum Dasturxon, dem usbekischen Fußbodentisch gebeten. Hier stehen bereits die Schalen, gefüllt mit dampfendem leicht gesalzenem Tee. Auf großen halbflachen Tellern, den Ljagan, werden warme Speisen serviert: Plov, eine Art Fleischbrühe, ein Zeichen der Hochachtung, der großen Verehrung. Nur das Beste gelangt vor die Augen und Nasen der Gäste. Es fällt leicht zu kommunizieren.

Ringsum stehen die wenigen Möbel, ein Schrank mit Geschirr darin und alten Gedenksachen darauf, ein Tisch, zwei Stühle und ein Bücherschrank mit Werken von russischen, usbekischen und französischen Schriftstellern.

Soja und Arkadi, beide Anfang vierzig, wurden in der Steppe geboren, geprägt durch die Sowjetunion, aktiv gelebt in Usbekistan. Noch immer leben sie hier mit ihren Kindern, wie einst ihre Väter und davor ihre Großväter, von der Kamelzucht.

Kaum ein Säugetier ist so tauglich für das Leben in der Wüste wie das Kamel. »Sein dickes Fell schützt es vor der Mittagshitze wie vor der nächtlichen Kälte. Es ist außerordentlich genügsam«, sagt Arkadi. Selbst Dornengestrüpp und harte Salzpflanzen sind für sie Leckerbissen. »Andere Tiere machen sich daraus gar nichts.«

Das Kamel kann viele Tage ohne Wasser auskommen. »Beginnt es aber erst zu saufen, tut es dies oft stundenlang«, erklärt Soja. Voller Gelassenheit trampelt es durch die heißen Barchane, die Wanderdünen, ohne im Treibsand einzusinken. »Seine gespaltenen Hufe sind sehr breit. Durch die dicken Schwielen und gepolsterten Sohlenflächen zertrampelt es nicht unsere raren Weideflächen.«

Wann das Kamel in Zentralasien domestiziert wurde, kann nicht genau festgestellt werden, doch seit mindestens 7000 Jahren dient es für die Wüsten- und Steppenbewohner als Fleisch- und Milchlieferant. Beinahe halb solange beschäftigen sich die Bauern auch mit der Bewässerung ihrer knappen Anbauflächen. Mithilfe einfacher Dämme und Stauwehre gelangt das Wasser auf ihre Felder.

Schon früh wollten die Menschen größere Flächen des fruchtbaren Bodens urbanisieren. Und dort wo sie ihre Kräfte nicht richtig einschätzten, ging die Bevölkerung zugrunde. Professionalisiert wurden Bewässerungsmaßnahmen dann in der Sowjetunion. Auch in deren System schätzte man seine Kräfte zu hoch ein, man überstrapazierte die Wasservorräte aus den beiden zentralasiatischen Flüssen, Amu-Darja und Syr-Darja. »Wir beschleunigten den Wassermangel im Aralsee um ein Vielfaches«, sagen mir meine Gastgeber.

Auch hier kam das Kamel zum Einsatz. Man benutzte es beim Pflügen und beim Hochhieven riesiger Kübel, gefüllt mit Wasser aus tiefen Brunnen. Und als Verkehrsmittel war es damals wie heute das einzige Verlässliche. »Ohne sichtbare Mühe können Kamele selbst bei 50°C Hitze

Lasten von 300 bis 350 Kilo tragen. Unsere besten Exemplare schleppen sogar beinah so viel wie sie selbst wiegen, also 700 – 800 Kilo«, verkündet Arkadi stolz. »Zudem sind Kamele Passgänger. Während des Laufs setzen sie zur gleichen Zeit Vor- und Hinterfüße einer Seite vor. Und laufen über beträchtliche Entfernungen mit einer Geschwindigkeit von 20 Stundenkilometer.«

16 Millionen Kamele gibt es auf unserer Erde. »Sie unterteilt man in zwei Arten«, fährt er fort. »Das einhöckrige Dromedar und das zweihöckrige Trampeltier. Das Verhältnis liegt bei 90 Prozent Dromedaren zu zehn Prozent Trampeltieren, wovon die meisten hier in Mittelasien zu Hause sind«, erklärt er. Besonders häufig seien hier die kalmykische und kasachische Rasse anzutreffen. Dromedare gebe es dagegen sehr selten, »die bewohnen eher die Wüsten Turkmenistans.«

Früher gab es hier Kamelzuchtbetriebe, heute kaum noch. Dafür nehmen sich immer mehr Einzelzüchter der Tiere an. So kann man jeden Abend ein besonderes Schauspiel beobachten, wenn eine 500-köpfige Herde brüllender Trampeltiere nach Hause kehrt. Ruhig trappeln sie die staubige Straße entlang, jedes kennt sein Ziel. Sie bleiben, jedes vor seinem Haus stehen, wo die Besitzer sie bereits erwarten.

Bald riecht es nach Milch, das abendliche Melken hat begonnen. »Viermal am Tag werden die Kamelstuten gemolken. So zwei bis zweieinhalb Liter gibt eine ab. Das heißt, am Tag bekommt man von einer Stute circa sechs Liter Milch. Nur zwei Dinge sind wichtig«, sagt Soja eindringlich. »Erstens muss das Kamel immer sein Junges neben sich haben, sonst kommt kein Tropfen aus dem Euter. Zweitens muss ich immer schön liebevoll zu der Mutter sein, man darf der Stute nichts zuleide tun. Wissen Sie, Kamele sind sehr, sehr nachtragend. Sie nehmen jede Gelegenheit wahr, sich bei einem zu rächen, das heißt, sie stoßen, beißen oder trampeln auf einen los.«

Sacht, beinah zärtlich streift sie mit ihren Händen über das Euter. Zehn, fünf Minuten, immer im gleichen Rhythmus. Die Stute genießt ihre sanfte Massage: »Vsjo tak«, möchten Sie probieren? »Die dickflüssige Milch schmeckt süßlich und aromatisch.«

»Von der Milch lässt sich gut leben«, sagt Soja. »Wir stellen vor allem Agaran und Tschal her«. Das sind ein sehr fettreicher, weicher Quark und ein tonisierendes Getränk. »Nicht nur das. Ein Kamel gibt uns nicht nur

Nahrung. Im Frühjahr, kurz vor der großen Hitze, meist im April, scheren wir unsere Trampeltiere. Das ist ein gefährliches Unternehmen«, erklärt Arkadi. »Das Tier muss eingefangen, festgebunden und zu Boden gebracht werden.«

Die Kamelzüchter der Umgebung helfen sich dabei untereinander. Sie wechseln sich nicht nur tagsüber beim Hüten ab, sondern übernehmen auch die jährliche Scherung gemeinsam. »Eine kleine Sowchose«, meint Arkadi schmunzelnd. »Fünf bis sieben Männer schuften dann mit großen Scheren. Pro Tag schaffen wir gerade mal zehn bis zwölf Tiere. Das geht nicht ohne Verletzungen für Tier und Mensch ab.«

»Früher sind wir mit unseren Herden nach Turkmenistan gezogen«, wirft sein Nachbar ein. »Da wurden die Kamele in Sowchosen, in Großbetrieben geschoren. Das war einfacher. Das Tier wurde in einen schmalen Korridor getrieben. Da konnte es sich nicht vom Fleck rühren. Dann kamen zwei Mann mit ihren elektrischen Scheren und nach einer halben Stunde war alles vorbei.«

Der Mann schwelgt in seinen Erinnerungen an die 50er Jahre des 20. Jahrhunderts, als überall Verwaltungs- und Kultureinrichtungen entstanden, welche ein Zentrum der Wohnsiedlungen, der landwirtschaftlichen Sowchosen bildeten. »Das brachte vollkommen neue Formen, Fortschritt in unser wirtschaftliches und kulturelles Leben im ländlichen Raum.«

»Es gab immer ein paar Leute, die sich eingeengt fühlten, doch von Anpassungsmaßnahmen können nur Leute reden, die diese Gegebenheiten des gemeinsamen Arbeitens nicht kennen. Die schätzen das einfach nicht. Gemeinsam ist alles leichter«, gibt Sojas Vater hinzu und betont. »Aber nur, wenn sich jeder Einzelne verantwortlich fühlt.«

Kamelhaar ist sehr gefragt. Es ist fester und strapazierfähiger als Schafwolle. So entsteht daraus ein hochwertiger Wollstoff für Pullover, Mützen, Handschuhen, Steppdecken, Mäntel und orientalische Wandteppiche. »Nur eins gibt es nicht«, erklärt der Vater. »Socken und Teppiche für den Fußboden.« Dies verbietet ein alter Brauch der Wüstenbewohner: Kamele tritt man nicht mit Füßen.

»Was kümmert uns der Aralsee«, reagiert der Nachbar auf meine Frage hin nach dem Schicksal des Gewässers. »Früher, noch vor zwanzig, dreißig Jahren haben wir gut von ihm gelebt«, stimmt Sojas Vater ein. »Immer und immer wieder dieselben Fragen: Was ist mit dem Aralsee? Und was haben wir davon? Nichts. Und immer wieder geben wir dieselben Antworten. Natürlich liegt es nicht an der Umwelt. Sicher hat die Industrialisierung Mittelasiens dazu beigetragen, dass alles schneller vorangeht.« – Doch allein die Menschen waren es nicht.

»Was kümmert er uns? Welcher See, welche Krise? Wir sind Kamelzüchter. Ja früher, da waren wir auch Fischer und ganz früher Jäger. Das war nur ein Übergang, jetzt sind wir Züchter und Händler und bald werden wir nur noch Händler sein und dann wird man herkommen und fragen: Was aus den Züchtern geworden sei. Und die Händler werden ihnen dieselben Antworten geben, was kümmern uns die Züchter usw. usw.«

»Natürlich fahren wir hin und wieder mal raus auf den See, besonders im Winter, zum Eisfischen. Das bringt Abwechslung in die Küche.«

Die Ausflüge werden aber immer seltener, eben wie die Fische weniger werden. Und außerdem ist der Weg zur nächsten Stadt ebenso nah. »Dort müssen wir sowieso hin, wegen der Kamele und zum Markt.«

»Die Trinkwasserversorgung ist unser größtes Problem, aber nicht wegen des Austrocknens des Aralsees, der war immer stark salzhaltig.« – Die Menschen hier sind genügsam wie ihre Trampeltiere.

Kamelzucht ist ein vielversprechender Wirtschaftszweig. In den letzten Jahren der Sowjetunion wurde er immer mehr gefördert. Es wurden neue Aufzuchtmethoden entwickelt. Sogar Forschungsinstitute in Alma-Ata, dem heutigen Almaty in Kasachstan und Aschgabad, der turkmenischen Hauptstadt, entstanden. »Das wurde richtig wissenschaftlich. Regelmäßig kamen Ingenieure und Wissenschaftler, um die Tiere zu begutachten und zu bewerten. Da wurde gewogen, gemessen und gerechnet. Da gab es Statistiken über Milch-, Fleisch- und Schurertrag. Manchmal ein wenig übertrieben«, fügt Sojas Vater schmunzelnd hinzu. Und am Ende wurde für jedes Tier und Rasse ein Zertifikat mit Stammbaum und physischen Merkmalen erstellt.

»Behandelt man sein Kamel gut, gewinnt es langsam an Vertrauen, und wenn es das erst einmal gewonnen hat, hört es aufs Wort. Selbst die

Kinder beherrschen es dann wunderbar.« Sojas unterstreicht ihre Worte, indem sie auf ihren Sohn deutet, der auf seinem Dshamal, wie die Zentralasiaten ihre Kamele liebevoll nennen, sein Können zeigt. Nach einer unbedeutenden Handbewegung legt sich das Wüstenschiff zu Boden, mit einem Satz springt der Kleine auf und schon schwingt sich das Kamel in die Höhe, und sie drehen eine Runde.

Es lebt sich, wie es sich eben lebt, inhaltsreich, sinnvoll, mal lustig, mal ausgelaugt, glücklich und zufrieden, voller Optimismus für die Zukunft, so sagen sie hier. »Geld hat keinen Anstand. Aber auch wir wollen es unbedingt«, lächelt der Alte.

Kurz gesagt, die Lebensbedingungen sind hart. Zwar sind die meisten, auch die abgelegenen Dörfer elektrifiziert, eine Errungenschaft der Sowjetunion. »Allerdings, heute rechnet sich dies kaum noch, die langen Überlandleitungen zu warten. Da wird einfach abgeknipst«, sagt Arkadi.

»Bei der Energieversorgung behelfen wir uns mit der modernen Technik mit Solar oder Benzingeneratoren«, wirft sein Nachbar ein.

»In die Hauptstadt können wir nicht einfach, da braucht man eine Aufenthaltsgenehmigung, propiska. Wer es sich leisten kann oder Verwandte dort hat, versucht in den Provinzstädten unter zukommen.« Selbst in der karakalpakischen Hauptstadt Nukus ist der Zugang zum Wasser eingeschränkt. Lediglich für acht Stunden am Tag fließt hier das kostbare Nass durch die Leitungen, gibt es Trinkwasser. In die umliegenden Dörfer gelangt schon beinah nichts mehr, oft nur für eine Stunde am Tag »und je mehr Leitungen kaputt gehen, desto weniger, repariert wird nichts.«

»Hier wird uns das Wasser nur einmal in der Woche in großen Tanks geliefert.«

»Dann laufen wir mit unseren Eimern und Kanistern zum Sammelplatz in der Steppe und schleppen es nach Hause«, sagen sie. »Und nächste Woche dasselbe Spiel.«

»Jetzt bohren die Männer Brunnen. 60 bis 70 Meter tief in den Wüstensand«, sagt Soja. »Weit bringt uns das allerdings nicht. Das Grundwasser Mittelasiens ist überall salzhaltig. Heute macht jeder sein eigenes Ding, jeder der einstigen Sowjetstaaten behält sein Wasser für sich. Von einstiger Freundschaft und Brüderlichkeit ist kaum etwas geblieben.«

Die Regierung denkt bereits über eine Umsiedlung der Bürger Zentralusbekistans nach. Begeisterung weckt sie damit nicht. »Es lebt sich zwar schlechter hier, doch weg wollen wir eigentlich nicht. Wir sind hier geboren, das ist unsere Heimat.« Und die anderen nicken zustimmend.

Dann setzen sich die Besitzer der Kamele in ihren Sattel. »Tschu! Tschu!« ertönt das Kommando, und die Schiffe der Wüste gehen los, gemächlich, sicher, leicht schwankend, so wie es ihre Vorfahren durch die Dünen der leblosen Wüste seit jeher getan haben.

Kamelzüchter beim Umzug

Brunnen in der Wüste Karakum

Schiffsfrack am Aralsee

Kamelzüchter am Aralsee

»Wo Wissen anfängt, hört Religion auf.«
Mohammed Turgay Ulugh Beg (1394 - 1449)

Zuflucht in einer Diktatur

Machallas in Usbekistan

»Wovon träumen die Völker, wovon die Menschen«, sagt Batyr und wischt sich den Schweiß von der Stirn. Sein Freund Salai lächelt ihm zu und schlägt kraftvoll den Putzhaken in die Wand. Kinder tollen über den Hof. »Batyr. Spiel mit uns«, rufen sie. Auf dieser Baustelle fühlen sie sich wohl. Was gibt es dort nicht alles zu entdecken: Pfützen, Schlamm und viele Kinder.

Batyr, der eigentlich Lehrer ist, kommt jeden zweiten oder dritten Tag in die Altstadt. Hier, um den Basar von Taschkent finden sich Reste des usbekischen Altertums. Das ist ein Wohnviertel, geprägt von exotischen Lehmziegelbauten aus den vergangenen Jahrhunderten. Zwei Meter hohe Mauern schützen die Bewohner vor den neugierigen Blicken der Vorübergehenden. Sie schließen mehrere einstöckige Häuser und deren dazugehörige Höfe ein. Dort, wo sich das Leben abspielt, in denen miteinander verwandte und befreundete Menschen, zu den sogenannten Machallas vereint sind. Machallas sind eine ganz besondere Form der gesellschaftlichen Organisation, eine sehr alte, typisch usbekische Form der Nachbarschaftsgemeinde. »Dieser Ort hat alles überlebt«, sagt Batyr. »Die frühen Plünderungen seiner Eroberer, Dschingis Khan und die Zeit Timur des Lahmen, das schreckliche Erdbeben von 1966 und Stalin.«

300 Machallas zählt Taschkent derzeit. Knapp die Hälfte der Bevölkerung, das heißt eine Millionen Menschen, wohnen hier. Die Gemeinden waren immer die Wächter der usbekischen Tradition, der islamischen Sittlichkeit, auf denen der volkstümliche Sozialismus beruht. Während sich das Leben innerhalb der Machallas gemeinsam abspielt, hat es sich nach außen hin, wieder zum alten gekehrt. Frauen tragen

traditionelle Gewänder, bodenlang und farbenfroh. Und die Tschai-Chanes, Teestuben sind nur für Männer zugelassen.

Die Menschen fühlen sich als eine große Familie. Sie unterstützen einander, arbeiten zusammen, wo und wie es ihnen beliebt. »Es ist ein gegenseitiges Nehmen und Geben«, meint Assan, der Aksakal, den Batyr Onkel nennt. Eigentlich ist er gar nicht sein Onkel. Er stammt nicht einmal von seiner Familie ab. Dennoch gehört er dazu. Irgendwann hatten sich ihre Urahnen zusammengeschlossen, weil sie das gleiche Gewerbe betrieben. Es gibt Machallas der Klempner, Schmiede, Töpfer usw. Sie bestehen seit dem Mittelalter. Und dank der Wohngemeinschaften konnten die Menschen, die mitten in der Stadt leben, den Kontakt zur Natur nicht verlieren. Jeder Hof hat einen kleinen Obst- und Gemüsegarten, jede Familie hält Ziegen und Geflügel, auch wenn sie nicht mehr das traditionelle Gewerbe ihrer Großväter betreiben. Viele sind heute Beamte, Verkäufer oder Lehrer.

Batyr hat sich abgewendet von seiner Arbeit. Ein Ball, getreten von den Kindern, schnellt über den Hof. Batyr hascht ihm hinterher. Und die

Kinder feuern ihn an. Davon gibt es viele. Eine Familie hat im Schnitt sechs Kinder, die sich immer unter der Aufsicht der Machallas befinden. Was einen großen Einfluss auf die extrem niedrige Kriminalitätsrate in dem alten Stadtviertel hat. »Durch die Haschar führen wir unsere Jugend an das Arbeitsleben heran«, sagt Batyr. »Wir geben ihnen eine Richtung im Leben.«

Sein Freund Salai, ein Arzt aus Buchara, hat es sich während dessen auf einer Bank bequem eingerichtet. Eine Tasse, gefüllt mit grünem Tee, dampft auf dem Tisch. Assan, der die ganze Zeit das Treiben aus seiner Werkstatt beobachtet hat, kommt hinzu. Seine Frau bringt ihm ebenfalls einen Tee. »Setz dich zu uns«, sagt er. Sie verzieht keinen Ausdruck in ihrem Gesicht und hastet in die Waschküche zurück. »So ist das jetzt immer«, verteidigt Assan. »Solange sie den Fremden nicht kennt, gibt sie sich, wie es die islamische Gesellschaft fordert.« Zu sowjetischen Zeiten war das anders. Da hatten auch die Frauen ihre Rechte. Dafür hat sich seine Mutter geopfert, und seine Frau musste viele Demütigungen ertragen. »Und das, wegen einer Sure«, erklärt Salai. »Dabei ist der Koran gar nicht so frauenfeindlich, wie die Bibel beispielsweise.«

Assan erinnert sich noch genau an den 8. März, den Internationalen Frauentag von 1927. 10000 usbekische Frauen legten damals in Taschkent und noch einmal so viele in Samarkand demonstrativ ihre Schleier ab. »Das war eine kühne Tat«, berichtet er. »Ich bin stolz darauf. Stolz auch sie, die beiden wichtigsten Frauen in meinem Leben.« Dann verstummt er, verfällt in tiefes Schweigen.

»Er hat viel erlebt«, bestätigt Salai. »Seine Frau konnte er retten. Die Mutter nicht. Sie wurde von einem Verwandten umgebracht.« Der Koran rechtfertigt die »große Schande.« Viele Frauen verloren damals ihr Leben. »Diesen Fortschritt der emanzipierten Frau haben wir den Russen zu verdanken«, erklärt Batyr, der sich inzwischen auch an den Tisch zu einer Tasse Tee gesetzt hat.

Die Bewohner haben sich angepasst, die fortschrittlichen Seiten der neuen Sowjetgesellschaft mit in ihre Gemeinschaft einbezogen. »Und damals wurde auch einiges in andere Ordnungen übernommen«, ergänzt der Lehrer. »Zum Beispiel der Subbotnik.« Eine freiwillige Hilfe beim Bau eines Wohnhauses oder einer Straße, beim Ausheben eines Bewässerungsgrabens oder der Straßenreinigung. Heute nennt sich der Arbeitseinsatz wieder Haschar, doch im Grunde ist es dieselbe Sache.

Dessen Aufruf und Organisation wird von einem freiwilligen Komitee, bestehend aus angesehenen Männern, übernommen. »Zu sowjetischen Zeiten waren noch viele Frauen darunter«, meint der Aksakal Assan.

Nach Artikel 105 der usbekischen Verfassung haben die Machallas das Recht, über alle Fragen, die in ihre Zuständigkeit fallen, eigenhändig zu befinden. Zu ihrem Sprecher wählen die Bewohner, wie seit Jahrhunderten einen weisen Alten, einen Aksakal, türkisch »weißer Bart«. Er erfüllt im Wohnviertel oft die Funktion eines Richters und Mullahs. Ebenso haben die Bürgerversammlungen das Recht eigene Kandidaten für das Parlament aufzustellen. »Meistens bleibt es dabei auch«, ergänzt Salai. »Die Realität sieht ganz anders aus.« Zwar hat sich der Präsident Karimow anerkennend geäußert: »Die Machallas, das bedeutet Gerechtigkeit!« »Doch das ist nur heiße Luft«, bestätigen die Drei einstimmig. Karimow sei selbst korrupt. Dank seines klugen Kopfes, seiner organisatorischen Fähigkeiten und nicht zuletzt seiner Personallücken, die im Zusammenhang mit der Kampagne gegen die »Baumwollmafia« in der usbekischen Sowjetrepublik entstanden waren, gelangte Islam Karimow in die hohe Parteihierarchie der alten Parteiriege. 1964 trat er in die KPDSU ein, damals war er 24 Jahre alt. 1966 begann er, für das staatliche Komitee für wirtschaftliche Planung zu arbeiten. Gleichzeitig studierte er Volkswirtschaft in Taschkent, wo er promovierte. 1983 wurde Karimow Finanzminister der Usbekischen SSR. Drei Jahre später war er am Ziel, der Stellvertretende des Ministerrates und zugleich Vorsitzender des Komitees für wirtschaftliche Planung.

Am 1. November 1991 wurde die Volksdemokratische Partei Usbekistans, die OXDP gegründet. Die überwiegende Mehrheit stammt aus dem alten Apparat der KPdSU. Als ausgefuchster Apparatschik kannte Karimow alle Intrigen, die in Moskau florierten. Er wurde Vorsitzender dieser Partei und nahm seine Leute mit in die neue Führung. »Er hat in unserem Land seine persönliche Diktatur errichtet«, meint Assan. Zwei Monate vor der Gründung rief Karimow auf einer außerordentlichen Sitzung des Obersten Sowjets die staatliche Unabhängigkeit aus. »Die Worte des selbst ernannten obersten Führers versetzten die Menschen in seelische Verwirrung«, erklärt Batyr. »Erst im März, fünf Monate zuvor hatten bei dem UdSSR-Referendum 93 Prozent aller Usbeken für den Erhalt der Sowjetunion gestimmt. Solch eine Wahlbeteiligung hat es hier noch nie gegeben. Präsident Karimow hatte damals selbst dafür geworben.«

»Nicht nur in der damaligen Regierung«, bestätigt Salai, »hat es Veruntreuung von staatlichen Geldern und Vetternwirtschaft gegeben. Und es stimmt übrigens nicht, was die Leute sagen, wir seien von der Sowjetunion einverleibt und unterdrückt, zur Unselbstständigkeit gezwungen worden.« Schon in Artikel 17 der Verfassung der UdSSR war seit 1922 verankert: »Jeder Unionsrepublik bleibt das Recht auf freien Austritt aus der UdSSR gewahrt.«

»Eigentlich ist Politik tabu«, sagt Batyr. Das bemerkt der Fremde, wenn er in einem der zahlreichen Tschai-Chanes zu Gast ist. »Wir wissen nicht, was die Zukunft der Machallas bringen wird. Allah weiß es. Man muss abwarten und Tee trinken«, ist die häufigste Antwort. Fragen dergleichen werden höflich, aber bestimmend erdrückt. »Vielleicht weiß man im Rathaus mehr darüber«, hört man. Unbedingt dürfen die guten Traditionen der Usbeken, wie sie in den Machallas zu finden sind, nicht dem technischen Fortschritt zum Opfer fallen.

Die Wohngemeinschaft betreut ihre kranken und unterbemittelten Mitglieder, erzieht die Kinder gemeinsam und ersetzt staatliche Institutionen wie Kindergarten und Sozialversicherung. »Unter den Usbeken sind die europäischen Einrichtungen wie Senioren- und

Pflegeheime völlig unbekannt«, sagt Batyr. »Unsere Eltern bleiben bis zum Tod in unserer Mitte.« Es ist eine Schande für jeden Usbeken, betagte Mütter oder Väter dem Staat zu Pflege zu übergeben. Sie schätzen ihre Alten, ihr Wort wiegt mehr als die oft stürmischen Sätze der Jugend, selbst wenn diese in der Mehrzahl auftreten. Und das ist häufig in diesem Land.

Und als es Abend wird, Batyr und Salai die Kelle und den Hammer in die Budde werfen, findet auch die Frau des Aksakals Vertrauen zu dem fremden Besucher. In sich gekehrt sitzt er da, denkt an das herzliche Leben innerhalb dieser Machalla, an die Weisheit Assans, des Aksakals und das umständliche Europa. Belehrt wurde er nicht, nein. Jahrelang hat sich Batyr mit der usbekischen Geschichte befasst. »Die Machallas«, stellt er fest, »sind für mich die zukunftsträchtigste Lebensform in Usbekistan.«

Basar in Taschkent

usbekische Lebensart

Hotel Chorsu und Medresse Kukaldasch

Taschkent Altstadt

Taschkent Altstadt

Innenhof

Teepause in den Machallas

Innenhof

Fleischhandel an der Straße

in der Altstadt

Gemeinsames Brotbacken

Taschkent Viehmarkt

Hufbeschlagung eines Esels

Kinder im Stadtpark

Messer- und Scherenschleifer

Taschkenter Basar

Durst

Unter Opiumhändlern durch die Wüste Karakum zwischen Turkmenistan und Usbekistan

Es ist Sommer. Ein Sommer, der so heiß ist, dass das Wasser, welches wir uns in die Kehlen schütten, noch ehe es den Magen erreicht, durch unsere Poren gepresst wird. Es ist ein gewöhnlicher Sommer in der zentralasiatischen Wüste Karakum, die sich über drei Viertel der Fläche Turkmenistans erstreckt und in den Süden Usbekistans drängt. Genau an dieser Linie, einer Schneise zwischen zwei Sandwüsten, der Transungusischen Karakum und der Kisilkum durchzieht der Fluss Amu-Darja das Land.

Die Dünen des alten Karawanenweges sind kahl geworden. Langsam traben die Pferde vorwärts. Selbst geringe Steigungen machen ihnen zu schaffen. Abwärts schnaufen sie anständig und versinken knöcheltief im heißen Sand, den der Wind von den Kuppen bergab verteilt.

Absonderlich, gar unfassbar findet ein Mensch die Wüste, wenn er ihr zum ersten Mal begegnet. Sonnenglut, Sandstürme und Luftspieglungen. Doch bei genauerem Hinsehen ertastet er nicht nur den Tier- und Pflanzenreichtum des scheinbar unbelebten Landstriches. Er entdeckt den Fladen als Brotersatz, der in des Lagerfeuers Glut oder dem heißen Sand darunter gebacken, den leicht gesalzenen Tee und das Wasser, eine Wohltat des Durstlöschens. Das Bemerkenswerteste allerdings ist der heimische Mensch, welcher die Natur zu nutzen weiß, schlicht hier zu leben, nicht zu überleben. »Die Wüste ist der schönste Platz auf der Welt, und die Leute sind nett, also fast alle und fast immer«, sagt Wassili.

Die Mittagssonne ist lange vorüber. Wir schmecken unsere trockenen salzigen Lippen und beschränken unsere Gespräche auf die nötigsten Worte: Geradeaus, links, rechts, stopp und vorwärts. Am Morgen haben unsere Pferde einen Eimer salziges Wasser gesoffen. Das war alles, mehr war nicht vorhanden. Selbst tranken wir Tschal, mit Wasser verdünnte saure Kamelmilch. »Nirgends auf der Welt wird man dieses kühle Nass so sehr schätzen wie in den Wüsten«, unterwies uns Wassili Jussupowitsch, 58 Jahre, ein begnadeter Grenzer und Fährtenleser. Gespannt lauschten Arkadi Nikolaiewitsch, gerade 25jährig, noch unerfahren im ersten Dienstjahr an der Grenze und ich seinen Ausführungen. »Jubeln kann man nicht, wenn man einen dunkelbraunen Fleck im Sand erspäht. Das ist kein Wasser. Das ist Salz. Leben kann es nicht spenden. Wasser liegt hier tiefer unter der Erde als andernorts.« Wie tief, das richtet sich nach der Nähe zum wichtigsten Fluss Turkmenistans und Usbekistans, dem Amu-Darja.

Langsam entleeren sich unsere schmalen Ziegenhautsäcke. Ein Transportbehältnis, welches sich seit den Hochzeiten der Seidenstraße bewährt hat. Gemächlich kommen wir voran. Noch vor Anbruch der Dunkelheit wollen wir den Brunnen erreichen. Die Informationen bezieht Wassili Jussupowitsch von den Händlern, die zuweilen seinen Weg kreuzen. Das Wasser ist weniger geworden, dessen Qualität gesunken, weiß er zu berichten. Zu Sowjetzeiten wurden die Brunnen in der Gegend Sandikligum von den Hirten genutzt. Heute erstreckt sich hier die Grenze zwischen Turkmenistan und Usbekistan. Da werden diese alten Transportwege nur noch selten genutzt und wenn, dann häufig von Schmugglern, die aus Afghanistan kommen.

Unerbittlich brennt die Sonne der Karakum an diesem Junitag. Lange ist auch dieser Weg nicht begangen worden, alle Spuren sind verweht. Einzige Orientierung bleibt der Ojuk, ein aus Reisig aufgehäufter Wegweiser. Fast immer befindet er sich an erhöhten Punkten oder Weggablungen in der Wüste. Doch plötzlich: »Eine frische Spur«, jubiliert Wassili Jussupowitsch, gleich einem Ereignis, als ob er einen alten Bekannten getroffen habe. Langsam schreitet er die Fährte ab, ein paar Meter auf, ein paar Meter ab. Nachdenklich führt er seinen Zeigefinger zu den Lippen. Er schmunzelt. »Das Maultier hat schwer geladen. Eine tiefe Spur. Ein Mann daneben, der sich oft am Tier festhält oder es dauernd antreibt. Entweder das Maultier, wenn nicht sogar beide, zehren arg an ihren Kräften. Sie sind mindestens zwei Tage ohne Frischwasserzufuhr.«

Der Mann führt in seinen Chordshunen, wie die Lastsäcke in der turkmenischen Sprache heißen, Schmuggelwaren. »Weiter«, kommandiert er. Der Durst drängt uns.

Folgen kann ich ihm geistig nicht. Wie kann er bei Maultier- und Fußspuren gleich an einen Schmuggler denken. Arkadi und ich blicken uns an. Für uns zwei sind es lediglich vertrocknete Reste von Pferdedung. Am Abend sollte Wassili Jussupowitsch es uns erklären. Er muss nachdenken, nur keine eiligen Schlüsse ziehen, niemanden zu schnell verurteilen. Weiß er noch nicht, wie beflissen sein neuer Kollege ist. »Ein Hirte, unterwegs zwischen seinen Weideplätzen und seinem Wohnhaus«, sagt er. »Und die Strecken sind lang. Der Hirte reitet immer auf einem Kamel und hat immer einen Vorrat an Frischwasser dabei.« Ist aber jemand mit Maultieren unterwegs, so muss er sich von Brunnen zu Brunnen durchschlagen. Der Mann hat keine gewöhnliche Last zu transportieren und mit Maultieren kann er sich unbemerkter bewegen.

Sein klares und einfaches Denken beneide ich. Wassili Jussupowitsch ist seit mehr als 30 Jahren im Grenzdienst. Er stammt aus Urgentsch. »Immer im Sand«, scherzt er. Da kennt er sich aus. »Studium der Nautik in Leningrad. Doch die Wüste hat mich nicht losgelassen.« Sein Vater war dabei, als die Wasserkanäle durch die Wüste gegraben worden. Dessen Geschichten über die Vermessungstrupps und Baubrigaden. »Ist sie nicht herrlich, diese Stille, diese Einsamkeit. In der jede Begegnung zu einem Fest wird. Fernab der Heucheleien, den Böswilligkeiten, welche Menschenanhäufungen der Städte zwangsläufig mit sich bringen.« Irgendwann kam er zum Grenzschutz. »Früher bewachten wir, Usbeken, Kirgisien, Turkmenen und Russen eine Grenze, die zur Sowjetunion, gemeinsam. Heute überwachen wir die Turkmenische nach Usbekistan.« Heute ist er Usbeke mit turkmenischem Pass.

»Die Schmuggler haben zugenommen. Ja, sie gab es immer, schon zur Zarenzeit. Zu Sowjetzeiten und jetzt wieder vermehrt.« Die Banden werden aufgespürt, nicht die kleinen Haie. »Die Menschen in der Wüste müssen von irgendetwas leben. Ein wenig mehr als für den Hausgebrauch gestatten wir schon. Ein wenig zum Verkaufen, ein wenig zum Leben.«

Entlang des Grenzgebietes zu Usbekistan wird der Weg immer schwieriger. Hier, fünfzig Kilometer entfernt vom Amu-Darja, ist kaum noch Vegetation auf den Wanderdünen zu bemerken. Dreißig bis vierzig Meter Höhe erreicht eine Düne, die sich über Hunderte von Metern entlangzieht. Bis zum Horizont erstrecken sich die sichelförmigen Gebilde, dessen Kamm sich nur wenige Meter vor und zurückbewegt, den Barchanketten. Im Sommer weisen ihre, auf der Windseite liegenden, flachen Hänge nach Norden, die steilen Leeseiten nach Süden. Es herrscht Nordwind, weshalb die Düne südlich wandert. Im Winter ändert sich das Bild der Düne, der Südwind bestimmt Richtung. Dennoch, auch wenn sich die Düne durch den gleichmäßigen Wechsel der Windrichtung kaum bewegt, so besteht trotzdem Verschüttungsgefahr. Oasen, die menschlichen Ansiedlungen müssen vor der drohenden Versandung geschützt werden. Dies geschieht mit Hilfe von Schutzzäunen aus Schilf, welche allerdings von Sommer zu Winter umgesetzt werden müssen. Endgültig zu bannen ist diese Versandung nur durch Bepflanzung der Dünen von Menschenhand, eine mühsame Arbeit.

Je näher wir dem Brunnen kommen, desto frischer wird die Spur. Ein Zeugnis dafür, dass wir dem Reiter immer näher kommen. Plötzlich verlässt die Fährte die Hauptrichtung und biegt scharf rechts ab. Nur schwer lassen sich unsere Pferde vom Hauptweg abbringen, auch sie kennen den Weg zur nächsten Wasserquelle. Tief sinken die Hufe der Tiere in den heißen Sand. Meine Begleiter steigen von ihren Pferden und bringen vorsichtshalber ihre Gewehre in Schussbereitschaft. »Komm runter«, fordern sie. Wassili Jussupowitsch schaut sich um, mehr nach unten zur Spur hin als in die Ferne. »Ha«, ruft er und schiebt seine Waffe zurück in die Satteltasche. »Werden wir nicht brauchen. Der Unbekannte ist nur vom Weg abgebogen, um uns nicht zu begegnen. Arkadi Nikolaiewitsch. Sieh nach, was los ist.« Ohne Pferd steigt der junge Mann über den Kamm ins Tal hinab. Wassili geht ihm nach und wirft sich in den Sand. Nur sein Kopf ragt kurz über den Kamm. Ich binde die Pferde an den Beinen zusammen und folge ihm kriechend. Arkadi geht auf das Maultier zu und öffnet einen Tragsack. »Wo ist der Mann?« frage ich. »Still«, zischt Wassili Jussupowitsch. Und Arkadi eilt zu uns zurück. In seiner Hand hält er ein schwarzes, klebriges Klümpchen. Nun wissen wir Bescheid.

»Terjak«, sagt Wassili Jussupowitsch.

»Der Sack ist bis oben hin voll.«

»Und in dem anderen?«

»Sicher dasselbe.«

»Sicher nicht. Kein Mensch zieht durch die Wüste mit nichts anderem als Opium. Sonderbar auch, dass er den Sack am Maultier lässt. Das ist viel Geld.«

»Bestimmt hatte er keine Zeit mehr ihn abzuladen.«

»Lasst uns vorwärtskommen«, meint Wassili Jussupowitsch beinah beiläufig. »Wir treffen ihn schon noch.« Verwundert über seine hastige Entscheidung, respektieren wir sie dennoch.

Wir schweigen, reiten und folgen unserer Marschrichtung. Endlich: »Da, Schafspuren«, ruft Wassili. Alles deutet auf die Nähe eines Brunnes hin. Da biegt er plötzlich ab. Arkadi Nikolaiewitsch blickt mich verwundert an: »So kurz vor dem Brunnen noch eine Pause.« Ich zucke mit den Schultern. Wortlos folgen wir ihm, obgleich uns der Durst quält. Wenigsten hat die Sonne nachgelassen.

Eine Stunde liegen wir in unserer Deckung. Nichts geschieht. Wir werden unruhig. Eine weitere Stunde später vernehmen wir schließlich ein Zungenschnalzen, mit dem man gewöhnlich Maultiere antreibt. Kurz darauf taucht auch schon das uns bekannte Maultier auf. Dahinter ein knochiger alter Mann mit grauem Vollbart. In der Hand ein Stöckchen, mit dem er dem Maultier ab und an in die Weichen schlägt.

Besonders überrascht scheint der Alte nicht, als er uns entdeckt. Er beherrscht sich. Begrüßungsformeln werden mit einer Geschwindigkeit getauscht, als sei jede orientalische Anstandsregel abhandengekommen. Der Durst hat ihn fest im Griff. »Keine 1000 Schritte sind es noch bis zum Brunnen«, meint er. »Lasst uns dort auszuruhen und die Tiere tränken.«

Wenig später finden wir den Brunnen. Sein Holzgerüst ragt kaum über den Boden. Die meisten Brunnenanlagen entstanden Ende der 30iger Jahre des 20. Jahrhunderts, einer Zeit, als auch die großen Kanäle durch die Wüste Karakum gezogen wurden. 1934 erfolgte die erste Brunnenbohrung in Aschgabat. Heute kann man sich die Wüste ohne stationäre Brunnen gar nicht mehr vorstellen.

Am liebsten würde ich hineinspringen. Aber die festen Blicke Wassilis und das Kramen des Alten halten mich davon ab. Wassili Jussupowitsch behält recht. Der zweite Sack beinhaltet keine Schmuggelwaren. Der Alte nimmt etwas Gerste aus dem Futterbeutel und reicht sie seinem Maultier. Danach zaubert er seine Tuntscha hervor. Das ist kein gewöhnlicher Teekessel. Sein Kupfer ist kunstvoll graviert, und der Deckel birgt eine Türkiseinlage. Ein hübsches Stück Handwerk. Selbst auf dem Feuer macht sich das Gefäß prächtig, während unser Kessel gerade warm wird, kocht des Alten Kessel bereits. Der ersehnte Moment ist gekommen, der Tee mundet uns. Wir starren ins Feuer, wechseln ein paar Sätze des Alltäglichen und lauschen wieder und wieder dem Singen der Dünen. Über die Schmuggelwaren fällt kein Wort. Dennoch ist dem Alten der Sinn unserer Reise klar, obgleich er bemerkt, dass die Grenzer mit sich hadern, ihn der Polizei auszusetzen. Unentwegt flicht er Fragen in unsere Unterhaltung ein, welche ihm unser Reiseziel verraten könnten. »Kennst du die Gegend«, erkundigt sich Arkadi Nikolaiewitsch. »Jeden Sandhügel«, antwortet er. »Ein Leben lang habe ich hier Schafe durchgetrieben.« Der Alte beklagt sich nicht, vielmehr erscheint mir, dass er von Wassilis Fragen und Antworten genug hat. Er arrangiert sich mit seinem Schicksal prächtig. Die Hirten haben immer weitergemacht. Irgendeine Arbeit finden sie immer. Es sind fleißige Leute. Tagein, tagaus, das Blöken der Karakulschafe. Woche um Woche, die endlos scheinenden Wege von einem zum nächsten Brunnen, ständig auf der Suche nach etwas Vegetation, nach ein paar Quadratmetern Weidefläche. »Hawa, ja, so ein Brunnen zu finden, ist die leichteste Übung.« Eine Karte braucht der Alte nicht. »Die Hügel nahe einer Wasserstelle sind immer etwas höher als die Umliegenden.«

Die letzten Sonnenstrahlen beleuchten das Meer der Barchanketten, als der Alte seine Müdigkeit bekundet: »Schaut euch das Maultier an. Es kann sich kaum noch auf den Beinen halten.« Oft brodelt das Wasser in unserem Teekessel, nur der Durst will sich nicht löschen lassen. Die nächtlich Kühle setzt ein, die beste Zeit in der Karakum. Der Alte schiebt seinen Chalat, Überwurf und einen Packsack unter den Kopf und schlummert sogleich ein. Kurz darauf schlafen auch wir.

In der Nacht schrecke ich hoch. Die Kälte, zwanzig Grad plus sind mir in die Glieder gekrochen. Der Alte ist weg. Ich wecke Wassili Jussupowitsch. »Der Alte ist fort«, wiederhole ich. Er wendet sich zur Seite: »Lass gut sein. Der ist schon seit Stunden weg. Schlaf weiter und außerdem … - In der Nacht kann ich keine Spuren lesen.« Ich wende mich um. Doch Wassili ist unruhig. Er pellt sich aus seinen Decken, schiebt alles bedacht in seine Packtasche und geht zum Brunnen. Da steht er, ein Mann der Wüste. Er klopft den alten Tabak über seinem Handballen aus der Pfeife. Dann stopft er sie neu und zündet sie an. Vereinzelt steigen kräftige Rauchwolken auf. Wassili Jussupowitsch denkt nach. Um ihn herum die frischen und alten Spuren der Wüstenbewohner. »Kein Schlau werden aus ihnen«, murmelt er.

Inzwischen haben auch wir, Arkadi Nikolaiewitsch und ich unsere Schlafsäcke verlassen. Der morgendliche Tee brüht in der Kanne. Arkadi reicht uns die Schalen. »Das ist die Wüste«, sagt Wassili. »Leute verschwinden und tauchen auf. Der Wind verweht alles ... Ja ... Los geht's. Wenn wir sofort aufbrechen, können wir den Alten bis heute Abend einholen.« Wir nicken zustimmend.

Wüste Karakum

Arkadi Nikolaiewitsch

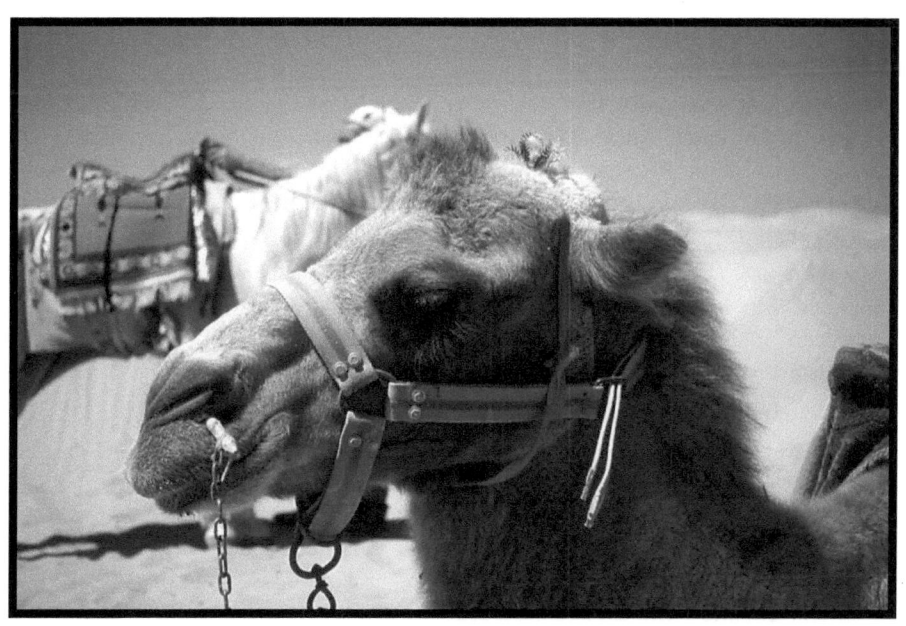

Sacherklärungen:

Agaran: ein sehr fettreicher, fermentierter Sahnequark aus Kamelmilch, schmeckt leicht säuerlich

Aksakal (usb. Oqsoqol): Die Bewohner einer Machalla (s. d.) wähl(t)en einen weisen Alten, einen Aksakal, türkisch »weißer Bart«, zu ihrem Sprecher. Heute benutzt man diese Bezeichnung auch als Wertschätzung gegenüber männlichen Senioren. Für die staatlich eingesetzten Vorsitzenden einer Machalla benutzt man das Wort »Rais«.

Almaty (russ., kas. Алматы): größte Stadt in Kasachstan, von 1867 bis 1921 Верный, von 1921 bis 1993 Alma-Ata (kas. Алма – Apfel und ата – Großvater, zwischen 1936 und 1991 Hauptstadt der Kasachischen SSR, danach bis 1997 Hauptstadt von Kasachstan

Amir (auch Emir): Militärbefehlshaber, Stammesfürst

Amu-Darja (auch Amudarja, Armudarya, usb. Amudaryo): in der Antike als Oxus bezeichneter zentralasiatischer Fluss. Er entspringt an der Grenze von Afghanistan und Tadschikistan im Zusammenfluss von Pandsch und Wachsch und mündete nach 1415 km ursprünglich in den Aralsee. Heute versiegt er, bedingt durch Stauseen, Karakumkanal und Bewässerungsmaßnahmen seit 1970 - zu hohe Wasserentnahme - und gestiegene Verdunstung, bereits in der usbekischen Wüste Karakalpakistans.

Apparatschik (russ. аппара́тчик): Bezeichnung für Personen (meist Funktionäre) dessen gesamter Bezug ein organisatorisches System (Apparat) ist, welchem sie ihre gesellschaftliche Stellung verdanken. Dieser Begriff war ursprünglich negativ besetzt, um Funktionäre in den ehemalischen stalinistischen Saaten zu betiteln, welche sich unrechtmäßig Privilegien durch Machtmissbrauch verschafften - diese Personen werden nicht als »Apparatschik« bezeichnet, sondern als »Bonzen«.

Aralsee (kas. Арал теңізі, usb. Orol dengizi, russ. Аральское море): in der Antike als Oxiana bezeichnet, war ein großer, abflussloser Salzsee in Zentralasien. Heute lautet die geografische Bezeichnung »Aralkum« - Aralwüste, Aralsand.

Barchan: Die Sicheldüne ist die häufigste Wanderdünenform in allen Wüsten der Erde. Sie entsteht bereits bei niedrigem Sandvorkommen bei konstant bleibender Windrichtung, ist konvex geformt, wobei die Flache Seite gegen die Windrichtung zeigt.

Bey (Pl. Beys, w. Begum, persisch/ osmanisch بگ [Beg bzw. Beyg], arabisch بك [Bek]): ist ein alttürkischer Herrschertitel, im Mittelalter gleichbedeutend mit Stammesführer bzw. Stadthalter, heute gleichbedeutend für Großgrundbesitzer, vermögende Person.

Chalat (auch Khalat oder Khilat, Chilat, usb. Chapan): Überwurf, Robe aus Seide oder Baumwolle

cholodnaja (russ. холодная): kalt, kühl

Chordshun: turkmenische Bezeichnung für Lastensack

Choy (usb.): Tee

Choyxona (usb.): traditionelle Teestube

Dasturxon: usbekischer Fußbodentisch, flacher Tisch

Dawajtje (russ. Давайте): »Gebt« ist die Befehlsform (Imperativ) der 2. Person Mehrzahl von давать (geben). In Verknüpfung mit einem Infinitiv dient sie als Aufforderung zu einer Handlung, vergleichbar mit der deutschen Konstruktion »Laßt uns ...« - weitere Bedeutungen lauten: los, beeile dich, hopp, schnell, flott o. ä. Die Form Dawaj (russ. давай) hört man oft, sie lässt sich schwer übersetzen, z. Bsp. in Verbindung mit poka (Давай! Пока!) meint man »Bis dann! Tschüss!«.

Dschingis Khan (auch Tschingis Khan, Chingis Khaan, mong. Чингис хаан, eigtl. Temüdschin, mong. Тэмужин, Тэмүүжин; um 1155/1167 – 1227): bedeutendster mongolischer Herrscher, regierte von 1206 bis 1227. Dschingis (türk. »Ozean«) suggeriert die Begriffe Weite und Unermesslichkeit.

Haschar (usb.): freiwilliger, unentgeltlicher Arbeitseinsatz, s. Subbotnik

Hauz (auch Haus, usb.): Wasserbecken, oft mit Trinkwasserversorgung

kalmykisch (auch kalmückisch, kalmükisch): abgeleitet von der autonomen südrussischen Republik Kalmykien (russ. Республика Калмыкия, kalmykisch Хальмг Таңһч). Kalmykien ist die einzige Region Europas, in welcher Buddhismus die Hauptreligion ist.

Karakum (auch Kara-Kum, usb. Qoraqum [wörtl. »Schwarzer Sand«], russ. Каракумы): Wüste in Mittelasien (Zentralasien) in Turkmenistan und Usbekistan, gehört zum Tiefland von Turan

Kisilkum (auch Kysylkum, usb. Qizilqum [wörtl. »Roter Sand«], russ. Кызылкум): Sand- und Kieswüste in Mittelasien (Zentralasien) in Turkmenistan, Usbekistan und Kasachstan, gehört zum Tiefland von Turan

KPdSU (russ. КПСС): Kommunistische Partei der Sowjetunion (russ. Коммунистическая партия Советского Союза)

Ljagan (usb.): großer halbflacher Teller

Machalla (auch Mahalla, Machala, usb. Mahalla, russ. Махалла): Stadtviertel, Nachbarschaftshilfe, Gemeinschaft, Nachbarschaftsgemeinde, heutige Bedeutung städtische Selbstverwaltungseinheit eines Wohngebietes. Die Bildung der Machallas ist in der Verfassung Usbekistans im Artikel 105 verankert.

Medrese (auch Madrasah): Koranschule

Minor: Minarett

Mittelasien: Bezeichnung für den Großraum im Zentrum Asiens. Zu sowjetischen Zeiten wurden die Gebiete Kasachstan, Usbekistan, Turkmenistan, Tadschikistan und Kirgisien als Mittelasien definiert.

moroschenoe (russ. Мороженое): Speiseeis

Nekropole: Totenstadt, Weihe-, Begräbnisstätte o. ä.

Njet (russ. нет): nein

Ojuk (usb.): aus Reisig aufgehäufter Wegweiser

otkuda (russ. Откуда): woher = woher?

Piwo (russ. Пиво): Bier

Plow: zentralasiatisches Gericht, eine Art Fleischeintopf

poschaluista (russ. пожалуйста): bitte

propiska (russ. прописка): Aufenthaltsgenehmigung

Provodnik, wbl. Provodniza (russ. Проводник, Проводница): Zugbegleiter, -in

Saxaul (Haloxylon ammoderdron): kleinwüchsige, blattlose Bäume bzw. Sträucher in den Steppen und Wüsten Zentralasiens, gehört zur Familie der Fuchsschwanzgewächse

Scheremetjewo (russ. Шереме́тьево): größte Flughafen im Großraum von Moskau

So'm (russ. Сум): usbekische Währung. Ein So'm sind 100 Tiyin.

Sowchose (auch Sowchos, russ. совхоз, zusammengesetzt aus советское хозяйство): landwirtschaftlicher Großbetrieb in der Sowjetunion in Staatsbesitz mit angestellten Arbeitern. Das Gegenstück war der Kolchos (auch Kolchose, russ. колхоз, zusammengesetzt aus коллективное хозяйство), welcher genossenschaftlich organisiert und durch seine Mitglieder bewirtschaftet wurde.

Subbotnik (russ. суббота [wörtl. Samstag], usb. Haschar [s. d.]): freiwilliger, unentgeltlicher Arbeitseinsatz. Diesen Begriff nutze Lenin erstmals in seinem Aufsatz »Великий почин« (dt. »die große Initiative«), erschienen im Juni 1919 anlässlich des Artikels »Arbeit auf revolutionäre Art (Ein kommunistischer Samstag)« aus der »Prawda« vom 23. Mai 1919 über einen spontanen Arbeitseinsatz der Eisenbahner an der Strecke Moskau – Kasan. (Lenin Werke Bd. 29, Dietz Verlag, Berlin, S. 397 – 427) In vielen Staaten des ehemaligen Ostblockes wurde »Subbotnik« allgemein für freiwillige, unbezahlte Arbeitseinsätze nicht nur an Samstagen verwendet.

Sure (arabisch سورة): bezeichnet die Kapitel im Koran, der heiligen Schrift des Islams.

Syr-Darja (auch Syrdarja, Syrdarya, kurz Syr, usb. Sirdaryo): in der Antike als Jaxartes bezeichneter zentralasiatischer Fluss. Er entsteht durch den Zusammenfluss von Naryn und Karadarja im Ferghanatal Usbekistans und mündet nach 2212 km in den nördlichen Aralsee.

Terjak: mittelasiatische Bezeichnung für Opium

Timur der Lahme (aus dem persischen »Timur-i Leng«, persisch موریت, Temür ibn Taraghai Barlas [mitteltürkisch temür »Eisen«]; 1336 – 1405): bedeutender mittelasiatischer Heerführer. Begründer der muslimischen Dynastie der Timuriden. Außerhalb der Wissenschaft wird er oft als »Tamerlan« bezeichnet

Topschan (russ., usb. топчан): traditionell, bettenartiges Sitzmöbel, in Zentralasien weit verbreitet, oft als Straßenbett vor Teestuben oder auf Plätzen zu finden.

Tschai-Chanes (usb.): Teehäuser, Café

Tschal (turkmenisch çal / чал): tonisierendes Getränk, mit Wasser verdünnte saure Kamelmilch

Tuntscha (turkmenisch): kunstvoll gravierter Kessel aus Kupfer.

UdSSR (russ. CCCP): Die Union der Sozialistischen Sowjetrepubliken (russ. Союз Советских Социалистических Республик) wurde 1922 geründet und 1991 als Union (15 Republiken) aufgelöst.

UdSSR Referendum (russ. Всесоюзный референдум о сохранении СССР): Bereits Ende der 1980er Jahre gab es in der Sowjetunion besonders in den baltischen und transkaukasischen Republiken nationale Bestrebungen, die einen Ausstieg aus der UdSSR (siehe »КОНСТИТУЦИЯ - Основной Закон - Союза Советских Социалистических Республик«, Verfassung der UdSSR Art. 72 von 1977 und Kapitel 2 Art. 4 von 1924) forderten. 1990 war die Hauptsorge Michail Gorbatschows, für den Erhalt der Sowjetunion einzutreten. Erst im November desselben Jahres erhielt er dafür vom Kongress der Volksdeputierten alle notwenigen Einverständnisse, weshalb das UdSSR-Referendum zum Erhalt der Union erst am 17. März 1991 stattfand. 77,85 Prozent stimmten für den Erhalt (vgl. Kivelson, Suny, Russia's Empires, Oxford University Press Inc, 2016, engl., S. 355), allein in Usbekistan 93,7 Prozent der der Wahlberechtigten. Daraufhin handelte Gorbatschow den Entwurf für einen neuen Unionsvertrag (unter Zustimmung Russlands, der Ukraine, Belarus, Aserbaidschan, Kasachstan, Turkmenistan, Kirgisien, Tadschikistan und Usbekistan) aus (vgl. Распад СССР, том 1, S. 744 ff.), dessen Unterzeichnung für Ende August 1991 vorgesehen war. Gorbatschow verabschiedete sich in seinen Jahresurlaub auf die Krim. Zugleich verschwanden viele reformwillige Funktionäre aus den Regierungskreisen. Der August-Putsch folgte. Begünstigt durch diese Schwäche und die Unentschlossenheit Gorbatschows, verkündete eine nach der anderen Teilrepublik ihre Unabhängigkeit. Somit wurde das Ende der Sowjetunion von einem kleinen Personenkreis im Zentrum Russlands beschossen. Es entstanden neue Staaten, beinah alle geführt von ehemaligen Parteifunktionären der ehemaligen Sowjetunion.

Ulugh Beg (auch Ulug Bey, Ulugh Bek, Ulug Beg, usb. Mirzo Ulug'bek [Mirzo (keyinchalik Sulton) Muhammad ibn Shohruh ibn Temur Ulug'bek Ko'ragon], türk. »Großer Herrscher«; 1394 – 1449): war ein Timuriden Fürst, bekannter Mathematiker, Astronom und Begründer einer der bedeutendsten Sternwarten des Mittelalters das »Observatorium« in Samarkand im Jahr 1424.

Usbekische SSR: Usbekische Sozialistische Sowjetrepublik (Abk. UsSSR; usb. Ўзбекистон Совет Социалистик Республикаси, O'zbekiston Sovet Sotsialistik Respublikasi) war von 1925 bis 1991 eine Union der UdSSR (s. d.)

Volksdemokratische Partei Usbekistans (usb. O'zbekiston Xalq Demokratik Partiyasi, Abk. OXDP, http://www.xdp.uz/): entsprang der Kommunistischen Partei der Usbekischen SSR, dessen Mitglieder sich 1991 entschlossen, die Partei in OXDP umzubenennen. Dieser Schritt bekundete gleichzeitig die Abkehr vom Sozialismus hin zum Konservativismus. Usbekistans Staatspräsident Islom Karimow (1938 – 2016) blieb somit auch nach der Namensänderung ihr Parteivorsitzender, wechselte allerdings 2007 zur 2003 gegründeten Liberaldemokratischen Partei Usbekistans (http://www.uzlidep.uz/) und wurde dort Vorsitzender.

Woda (russ. Вода): Wasser

Literatur:

- Aleksej Ivanovič Butakov, Tagebuch der Aralsee-Expedition 1848/49, übersetzt und herausgegeben von Max-Rainer Uhrig, Edition Buran, 2008

- Peter Frankopan: Licht aus dem Osten, Rowohlt Verlag, Berlin, 2017
- Hrg. Marie-Carin von Gumppenberg und Udo Steinbach: Zentralasien, Verlag C. H. Beck, München 2005
- Thomas O. Höllmann: Seidenstraße, Verlag C. H. Beck, München, 2004
- Керимов Д. А.: Черноголовкин Н., Что означает новый закон о референдуме, Правда, 15. января 1991 (russ.)
- Thomas Kunze, Zentralasien, Ch. Links Verlag, Berlin, 2018
- Kunze, Vogel, Das Ende des Imperiums, Ch. Links Verlag, Berlin, 2015
- Wolfgang Leonhard, Sowjetideologie heute, Die politischen Lehren, Band 2, Fischer Bücherei KG, Frankfurt (Main), 1962
- Alfred de Montesquiou, Abenteuer Seidenstraße, Knesebeck Berlag, München, 2019
- Tilman Nagel, Timur der Eroberer und die islamische Welt des späten Mittelalters, C. H. Beck, München, 1993
- Hrg. Jürgen Paul, Zentralasien, Fischer Weltgeschichte Band 10, Frankfurt am Main, 2012
- Референдум 17 марта, позиция КПСС, Известия, 7. Февраля 1991 (russ.)
- Референдум о референдуме или Что думают главы республик о Союзном договоре, Литературная газета, № 2, 1991 (russ.)
- Gustav A. Wetter, Sowjetideologie heute, Dialektischer und historischer Materialismus, Band 1, Fischer Bücherei KG, Frankfurt (Main), 1962

Internet:

- Arbeitsgemeinschaft Deutscher Minderheiten (Usbekistan): https://agdm.fuen.org/mx5-mitglied-86/uzbekistan/
- Botschaften Usbekistans: www.uzbekistan.de und www.usbekistan.at
- Deutsche Allgemeine Zeitung: www.deutsche-allgemeine-zeitung.de – deutsch – russische Wochenzeitung in Zentralasien (dt., russ.)
- Deutsche Botschaft Taschkent: www.taschkent.diplo.de
- Deutsch Usbekische Gesellschaft e.V.: http://deutsch-usbekische-gesellschaft.de/
- Eurasisches Magazin: www.eurasischesmagazin.de – Netzzeitschrift für Europa und Asien, erscheint alle zwei Monate (dt.)
- Nachrichtenportal über das Fergana-Tal: https://fergana.agency/
- Кирилл Рогов, Миф о «распаде»: к чему приводит борьба за сохранение единства (25 Jahre nach dem Zerfall der Sowjetunion): https://www.rbc.ru/opinions/politics/04/02/2016/56b2f9ff9a7947866ab4c031 (russ.)
- Moskauer Deutsche Zeitung: www.mdz-moskau.eu – unter der „Russlands Nachbarn" finden sich unter anderem Beiträge zu Zentralasien, tagesaktuell (dt., russ.)
- Netzwerk für Osteuropa Berichterstattung: www.n-ost.org

- Norodnoe Slova (Volkswort): www.narodnoeslovo.uz – Usbekische Tageszeitung (usb., russ., dt., engl.)
- deutsch-französisches Nachrichtenportal: Informationen aus Zentralasien, www.novastan.org (dt., fr.)
- РКС - Научный центр оперативного мониторинга Земли (Wissenschaftliches Zentrum zur Überwachung der Erde), »Космический мониторинг состояния водных объектов«: http://www.ntsomz.ru/projects/eco/econews_271108_beta (russ.)
- Pravda vostoka (dt. Wahrheit des Ostens): www.pv.uz – Usbekische Tageszeitung (russ.)
- Presseagentur Usbekistans: www.uza.uz (usb., dt., russ., engl., franz.)
- Regierungsportal der Republik Usbekistan: https://www.gov.uz/uz
- RIANovosti: www.ria.ru – russische Nachrichtenagentur (russ., dt., engl., etc.)
- журнала »Наука и жизнь«, Nr. 4 / 2003, »Вслед за уходящим морем« (über den schwindenden Aralsee): https://www.nkj.ru/archive/articles/2781/ (russ.)
- Rosa Luxemburg Stiftung Moskau: www.rosalux.ru (russ.)
- Russland.RU: www.russland.ru – unabhängige Internetzeitung und TV (dt.)
- Russisches Forschungsinstitut der sozialen Bewegungen: www.igso.ru - Onlinezeitung - www.rabkor.ru (russ.)
- Edda Schlager lebt seit 2005 in Almaty (Kasachstan) als freie Auslandskorrespondentin, fundierendes Wissen über Zentralasien: https://eddaschlager.com/

- Usbekische Onlinezeitungen: www.gazeta.uz (usb., russ.), www.nuz.uz (usb., russ.), www.podrobno.uz (russ.)
- Ziyouz: Wissensportal über Usbekistan, Themen wie Geschichte, Wissenschaft, Literatur und Gesellschaft von D. Tojialiyev: https://ziyouz.uz/ (usb., teilw. russ., teilw. engl.)

Reisen & Reiseführer:

- Reiseinformationen und Reportagen: www.auf-weltreise.de
- Backpacking Reisen & Fotografieren im eurasischen Raum, speziell Russland, Osteuropa, Zentralasien, Mongolei & Vietnam: www.editioneurasien.de
- Klaus Pander, Zentralasien, DuMont Reiseverlag, Ostfildern, 2012
- Irina und Bodo Thöns, Usbekistan, Trescher Verlag, Berlin, 2019
- Knop Reisen: www.knop-reisen.de – individuelle Reisen Seidenstraße und zentralasiatische Republiken
- Deutsche Zentrale für Globetrotter: www.dzg.com

Sie mögen mehr, so besuchen Sie im Internet:

www.auf-weltreise.de

»Als Globetrotter sucht er das Authentische im Land und in den Menschen ...« (Sächsische Zeitung)

Hier können Sie in interessante Reportagen, Bücher und Fotos eintauchen und näheres über Russland, Zentralasien, Mongolei und Vietnam erfahren.

Bücher • Fotos • Wandkalender • Vorträge • Reportagen Ausstellungen • Fine Art Drucke • DVD Filme • Newsletter Reiseführer • Reisefotografie • etc.

Mongolei - Reportagen aus dem Land der Mythen

2015, ISBN: 978-3-7347-6312-0, 120 Seiten - 24 s/w Fotos, 8,99 Euro

Wie sich die nomadische Mongolei zu einem konsumorientierten Land verändert hat, in dem westliche Lebensart mehr zählen als die alten Tugenden. Und warum daran auch der Kult um Dschingis Khan nichts ändert.

… Auf der weiten Wüstensteppe gibt es glühende Schicksale, deren Puls die Jahreszeiten und deren Herz die Menschen in den Gers sind. Sie singen, während der Wind über das Land streift, das Lied vom Leben. Mag sein, dass die Wüstensteppe für einen Fremden nur ein karg bewachsener Sandkasten ist, für den Nomaden ist es der Gesang der Düne, der sie glücklich macht.

Vietnam - Reportagen aus dem Land der Drachen und Feen

2017, ISBN: 978-3-7448-1106-4, 136 Seiten, 27 s/w Fotos, 7,99 Euro

Vietnam, das kleine China im Süden, das ist eine mehr als tausendjährige Geschichte des Kampfes um seine Freiheit. Vietnam ist eine Entdeckungsreise…

… nimmt den Leser mit in das Wechselspiel zwischen Ahnenkult, Sozialismus und Globalisierung, taucht ein in das harte Leben der Reisbauern, genießt die herzliche Gemeinschaft des Dorflebens, unternimmt eine Zugreise von Hanoi nach Saigon im Wiedervereinigungs-Express und besucht eine der ungewöhnlichsten Religionsgemeinschaften der Welt, die Cao Đài, spricht mit Studenten und Professoren, Reisbauern und einer caodaistischen Seherin.